広告ビジネス次の10年

データを制するものがビジネスを制す

ADVERTISING BUSINESS - NEXT DECADE

デジタルインテリジェンス
代表取締役
横山隆治

取締役／ニューヨークオフィス代表
榮枝洋文

SHOEISHA

はじめに

まず、最初に言及しておきたいのだが、この本の主旨は広告代理店を否定することではない。デジタル化、グローバル化という大変革の波を日本の広告代理店に乗り切ってもらいたい、そして次世代型の広告代理店として次の成長モデルを構築してほしいという「思い」から筆をとっている。

本書ではいま広告代理店にとって、何がリスクで何がチャンスなのかを書いている。

そのため、このままではダメなところも徹底的に書いたので、広告代理店にお勤めの方には「耳が痛い」もしくは、「誹謗されている」と感じる部分もあるかもしれない。しかし筆者も新卒で広告代理店へ入社し、広告の仕事に携わってきた広告屋である。この業界や仕事に「誇り」「親しみ」「愛着」を持っている。だからこそ、本書は「激励」であり、特に次世代を担う広告人へのメッセージという点をご理解いただければ幸いである。

広告代理店のビジネスモデルは、新聞の広告枠販売からはじまった。その広告枠を販売するために、周辺サービスを充実させてきた結果、現在がある。

その過程の中でテレビというメディアの王様が登場し圧倒的なパワーを持つ広告メディアとして成長した。テレビというメディアの存在感が揺るがない限りそのビジネスモデルは崩れない、はずだった。しかし、米国のようにテレビのパワーが相対的に低落している状況ではない日本の広告市場にも、大変革の波がとうとう押し寄せてきた。

デジタル化が起こすパラダイムシフト

その第一波は「デジタル」である。もちろん、総合広告代理店も早期からネット広告に関わってきた。当然筆者も黎明期から総合広告代理店の一員として関わっている。

しかし、この5年ほどでデジタル化にともない起きた大きなパラダイムシフトが、ビジネスモデルそのものを揺るがしたのだ。

広告業界が１００年近く生業としてきた「広告枠の手売り販売」。デジタル化の影響で広告代理店が「手売りする」というスタイルに変化が生じた。「広告枠」は売り手が決めるものである。そのため売り手の論理でできている。買い手の広告主は広告メニューから選択するだけだった。

それが、デジタル化の流れにより実装可能となった「入札」というプラットフォームが広告業界へ浸透したことで、買い手の論理で「広告」を買う仕組みが登場してきた。奇しくも、デマンドサイドプラットフォーム（ＤＳＰ）やリアルタイムビッディング（ＲＴＢ）という仕組みは、リーマンショックで解雇された金融工学のエンジニアが作ったものである。つまり株式市場におけるオンライントレーディングと同じ理屈でできているのだ。

先行して金融の世界で起きていることを広告業界に当てはめてみよう。営業マンが売っていた株式は、買い手がオンラインで直接売り買いできるようになり、証券会社の営業マンがこの15年間でほぼ半減した。それでも金融の世界では、オンライン取引において証券会社は介在している。しかし、検索連動型広告やデマンドサイドプラットフォームによるディスプレイ広告の売買では、広告主が直接取引することができる。またオンライントレーディングの手数料が極めて低い料率になってきたように、介在することにより生まれる付加価値が低いことは否めない。

これらの仕組みの普及により広告枠販売の形態そのものが変わる——。それを端的に表現した「『枠』から『人』へ」というフレーズは、４年前に筆者がブログではじめて発したフレーズだ。言い換えると、「どこに掲載するか」から「誰に配信するか」が今後の広告配信において重要な点となる。その配信先を決定づけるユーザーデータは買い手側が保有する。つまり広告主に主導権が移っているのだ。また、そのデータの流通において広告代理店が介在する必然性は極めて希薄である。

売り手の論理から買い手の買い付け論理へ、そして広告代理店営業マンの「手売り」からオンラインを介した入札運用へ、さらに米国ではそれらを広告主が自社内で行うという流れとなっている。

デジタル化によるビジネス環境の変化はこれだけではない。デジタルがマーケティング全体の中心に位置付けられる中、テクノロジーをいかにマーケティングへ活用するのかが企業にとって大変重要なこととなった。その流れと同調するように企業のＩＴ投資は情報システムのようなバックエンド領域から、営業・マーケティングというフロントエンド領域への投資へ変化してきている。

その状況下でマーケティング領域へのテクノロジー活用の指南、分析、運用が果たして広告代理店にできるのだろうか。当然、従来ＩＴ予算を受注しメシを食ってきたシステムインテグレーターたちがこの動きを黙って見過ごすわけがない。情報システム部門が顧客だったシステムインテグレーターはマーケティング部門へ進出しようと、いま虎視眈々と機会を窺っている。その状況の中、広告代理店は果たして優位性を保てるのだろうか。

待ったなしで進むグローバル化

大変革の第二波は、「グローバル化」だ。

そもそも「グローバル化」というテーマは、「デジタル化」と表裏一体だ。デジタル化とグローバル化が表裏一体の例は、「アプリを1個開発すれば、世界中で売れるよね」という現実を連想してもらえば早い。この状況の中、よい悪いはさておき日本は常にガラパゴス状態を保っていたが、ついに動かざるをえない条件が揃ってきたのだ。

最大の敬意を表して要注目なのが電通のイージス買収と、ＷＰＰのデジタル・グローバルに対する近年の取り組みだ。彼らの動きはグーグルやフェイスブックなどのデジタル・グローバルの事業領域を意識した動きであり、P&G、ユニリーバなどのグローバル企業の要求に応える改革である。

この動きと同調するように世界第2位の広告代理店オムニコムと、3位のピュブリシスの合併により、ピュブリシス・オムニコム・グループが誕生。広告業界最大の合併劇へと連鎖したのだ。

これまで日本の広告代理店のビジネス領域はGDP世界3位、1億2千万人の人口を有する日本市場で十分だった。成長戦略といえばアジア進出に留まり「ネットワークサービス」と呼び名を変えただけの「手売り」の外販で、アジア各国へ進出する日本の広告主を追いかけるのみ。売上は国内の売上と比較すると数%に留まり、最終貢献利益はさらに低い。

その一方国内では、日本に進出しようとする外資系広告代理店に対し、メディアと協力し参入障壁を高くし「効率の悪い市場」「成長しない市場」のイメージを植え付けてしまった。その影響でグローバル企業と外資系広告代理店はシンガポール、上海などの拠点をアジアのハブとし「日本飛ばし」を行った。この結果、現状は「国内の利権を守る=グローバルサービスが届かない=首を絞める」という構図に陥っており、この被害者は他でもない広告主なのだ。

グローバル化の波は対岸の火事ではない。電通とＷＰＰは世界５大広告代理店の中で、日本市場に最も影響のある企業だ。特に日本の広告主は広告代理店の選択肢が少なすぎるだけに、日本発「Ｄｅｎｔｓｕ」のデジタル化、グローバル化は「乗るか、降りるか」を迫られる局面が増大するだろう。

その動きにメディア側も同調し、博報堂以下すべての広告代理店は、ますます差別化が難しくなる。それとは別に防衛的な動きとして広告主側が自社内で広告代理店機能を持つ取り組みも加速する。一方、テクノロジーを主体とするアドテクノロジー企業は軽く国境を越えて日本進出の機会を窺っている。

このように日本市場でデジタル化、グローバル化の波が加速する中「最大で待ったなし」のチャンスが到来している。広告、マーケティングに関わるすべての方々はこれを強く意識することが大切だ。日本での生き残りという小さな視点ではなく、デジタルの可能性をベースとしグローバルな発想でビジネスを拡大することが可能なのだ。

本書が広告代理店、広告主、メディア、マーケティング支援企業にとってビジネスを再構築するヒントになれば大変嬉しく思う。

広告ビジネス次の10年［目次］

第5章 明暗がわかれる日本の状況

第6章 次世代型広告マンに必要なスキル

第7章 近未来予測

第8章 10年後の広告業界

第9章　広告主、メディア側から見た存在価値

第1章

土俵際の広告「代理」店

ビジネス・リモデルが求められている

広告代理店のビジネスモデルについては、従来から「コミッション（手数料）型からフィー型へ」や「成功報酬型へ」という議論がずいぶんなされてきた。日本の広告代理店の収益モデルがメディアのマージンというモデルに偏っているのは事実だ。では、それ以外の手段としてフィー型もしくは成功報酬型がよいのだろうか。事態はそんなに単純な話ではない。

欧米の広告代理店の収益モデルは「コミッション型からフィー型へ」、「フィー型から成功報酬型へ」と先行している状況だが、それで大成功しているわけではない。むしろメディアの広告枠を買い切ってリスクを取るものの、うまく販売を仕切ることで利益を生み出すモデルも見直されている。ＷＰＰは、電通のやり方を見てやはりこちらの方が儲かると感じているはずだ。

フィー型の場合、広告代理店側も一定の収益は確保できるが、働きに対する対価を時間で換算するレイバーベースドフィーのような形態になってしまうと辛い。売上利益を拡大しづらく、インセンティブがあまり働かないからだ。そういった環境だと積極的に動いても実入りは変わらないため、広告代理店側のモチベーションはあがらない。結果的に、広告主側も広告代理店からの積極的な提案を受けにくくなるという悪循環となる。

また成功報酬型もチャレンジしてみることは重要だが、筆者の経験からだと日本の広告主は成功した後のレベニューシェア（利益分配）を意外と嫌がる。成功が期待できるならシェアしない方が収益額は大きい。

収益モデルの多様化への対応

デジタル化、グローバル化の波にさらされている広告業界。具体的な「ビジネス・リモデル」の案を一言で表すのなら、「収益モデルの多様化に対応する」ということだ。

実際、収益モデルの変化は既に起こっている。いわゆるマス広告の「広告枠」に関しては、「手売り」による販売は当面続く。海外ではグーグルがラジオ、新聞、テレビなどの広告枠のオンライン取引にチャレンジしているがいまだに成功していない。こういったことからも、デジタルメディアではないメディアの広告枠は当面「手売り」

が主力だろう。

しかし、デジタルメディアのシェアがいま以上に高くなることは間違いない。パソコン、スマホ、タブレット、テレビ、デジタルサイネージ、カーナビ、ネット家電…デジタルを介したデバイスによる消費者との接点が圧倒的に増える。その接点から得られるユーザーデータにもとづき広告枠を購入することは、オンラインの管理画面上から操作することができる。いわゆる入札方式の広告枠購入である。

こうした形式であれば、例えば効果測定結果を活かしたＰＤＣＡも実行可能であり、実行すればするほど広告効果を高めることができる。買い手の論理での広告枠購入の仕組みでもあり、こうした購入スタイルの普及は必然であろう。さらにデータマネジメントプラットフォーム（ＤＭＰ）の普及による広告主の顧客データ整備・管理が進むことでこれらのやり方は定着、拡大していくだろう。

マージンをしっかり確保できるビジネスは従来どおり、いやさらに進化させてメディア側へコミットする。フィー型の場合は高い付加価値が提供できるよう、ハイエンドなコンサルティング能力を持つ人材を確保しておくことが大切だ。成功報酬型であれば、事業開発から関わり、共同事業的に取り組めるようにする。

つまり資産運用も含めて、収益モデルの多様化に対応できる人材を再編することに尽きるのだ。ビジネス環境が変わる中で、「この仕事はどうやって儲けるのか」をプランニングする能力が必要だ。これからは「コミュニケーションクリエイティブ」もさることながら、「ビジネスクリエイティブ」の能力が重要なのだ。広告代理店で培われたクリエイティビティは、ビジネスモデル開発に向かう必要がある。

筆者は昔広告代理店でアカウントプランナーを名乗った時期がある。アカウントプランナーという概念は営業の最前線に立ち広告主の要望に応えコミュニケーションプランを提案し、プロデュースする役割のように定義されている。

しかし、今後は「マージンで儲けるのか、フィーで儲けるのか、出資して共同事業とするのか、テクノロジー領域に投資するのか、はたまた得意先と共にメディアを作りＢ２Ｃビジネスをするのか…」というようにあらゆる角度から収益モデルの算段をつけるのが、アカウントプランナーの役割ではないかと思う。

ということは、従来型の広告代理店のままでは、収益モデルの多元化にスピーディーに対応できるはずもない。機動的に新会社を自在に立ち上げて成功する案件や事業を育てることが大事である。

スピード感で比較するならネット広告代理店の動きの方が圧倒的に速い。若い経営者と若いスタッフがダイナミックかつスピーディーに動き、撤退の決断も迅速だ。こうした文化は、サラリーマンかつマージンビジネスしか経験がない従来型の広告代理店にはほとんどないだろう。

失敗はたくさんの知見をもたらす。失敗していないということは、裏を返せば新しいチャレンジをまったくしていないという意味となる。そういった会社は多いだろう。これまで変われなかった広告業界もこれから劇的な構造変化にさらされることは間違いない。無茶なチャレンジをして大けがをするより、シュリンクする方を選ぶこともそれはそれで経営判断と言えるだろうが、若い社員の将来をどうするのか考えるのも経営者の責務である。

マーケティングは経営の根幹

マーケティングとは「広告販促」のことではない。マーケティングとは経営の根幹である。ビッグデータ活用はむしろ「広告販促」以外の領域からはじまるケースも多い。開発、生産、物流、労務…と事業のすべてに、データにもとづいたマーケティングが浸透するだろう。

広告・マーケティングに関わる人材であれば、必然的にビッグデータやデータマーケティングの大きなうねりに無関係ではいられないし、うかうかしていると広告代理店ではないプレイヤーに仕事を取られる可能性がある。

広告代理店は、いったん自社の事業ドメインの再確認と再設定をしてみるべきだろう。総合力や資本力のない広告代理店は、特化すべき領域や撤退すべきラインを遅くとも今年中には戦略策定し実行していくべきだ。もうギリギリのラインかもしれない。時間は待ってくれないのだ。

広告マンの8割はいらない

運用型広告市場が拡大しても「手売りで販売する広告枠」はなくならない。それでも広告マンの8割は必要ない人材になる。恐らく2010年代のうちに決着が付くだろう。

広告主の前でお天気と株価の話しかできない幹部

広告主とお天気と株価の話しかできない営業・経営幹部のほとんどは絶滅する。まともな広告主であれば「彼らは連れてくるな」と既に言っているはずだ。

現在はまだまだデジタルの知識に疎い営業幹部だらけだろう。デジタルをナシにして、広告・マーケティングを統合的に語ることはできない時代となった。一昔前は豊富な経験にもとづきコンサルティングとしての立場で、俯瞰して広告・マーケティング活動を語れる人材が広告代理店幹部だったが、いまは昔の経験がかえってマイナスに作用する時代となった。

知識、見識のおよばない話題は避けたいのが人情というもの。デジタル、ソーシャル、トリプルメディアなどの概念に追いつけていない広告代理店幹部に、コンサルティングは期待できず、結果としてお天気や株価の話しかできなくなる。訪問してもらっても、少しもありがたくない存在になってしまっているのではないだろうか。こうした人材は数年のうちに絶滅する。企業の宣伝部、マーケティング部にデジタルの知見を持つ人材が責任者クラスになればなるほど、彼らとのコミュニケーションは困難となるだろう。

メディアの事情通というだけのメディア担当

従来型のメディア担当者のほとんどが絶滅する。売り手が「広告枠」の情報を持つことが優位な時代がほぼ終わるからだ、メディアはユーザーデータで評価されるようになるので、広告主と共に買い手の論理でメディアを評価できるメディア担当しか生き残らない。

いままでの広告枠はすべて、売り手の論理で作ったメニューであり、それを広告主が選択するというものであった。しかし入札型の広告はまったく違う。買い手の論理で買うことになる。広告枠を予約して購入するのではないので、途中でパフォーマンスが悪ければ掲載を停止することもできる。ターゲットでないユーザーにはそもそも広告を配信する必要がなくなる。

また、「広告枠」であっても、その価値はユーザーデータの質で評価される。具体的にはファーストパーティデータ（自社保有データ）から、自社商品に何らかの反応を示したユーザーがわかるので、それをベースにセグメントされたターゲットがどれだけいるのかでその広告の価値が決まる。

いずれにしても、売り手の情報だけでは成立しない。広告主側のユーザープロファイルからターゲティング手法をすぐに思いつかなければならない。そういう訓練をいまのメディア担当者はほとんどしていない。

広告主が素人だったので通用していた御用聞き営業マン

何らかの領域の専門家でない営業マンのほとんどが絶滅する。

ただし、「本当の営業マン」だけは生き残る。広告はサービス業である。コミュニケーション能力が高く、コーディネーターとして人と人とをつなぐスキルが高い人材はいつの時代でも通用するだろう。

それにしても広告、マーケティング領域に関して企業に提供しなければいけないサービス領域が本当に広がった。広い範囲をカバーするために、ワンストップ型の営業を顧客とのインターフェイス役として、専門スタッフへつなぐというやり方で、どの広告代理店も対応してきた。しかし、広がりと同時に深い専門性にも対応するには、もう専門知識のない人材が顧客のインターフェイス役になること自体に無理がある。

また、従来は広告主側の知識が乏しい状況だったので、なんとかなっていた現実もあったが、広告主担当者の専門化によって、そういった傾向が続くことはこれからなくなる。特に施策の結果が管理画面上でわかるデジタル領域においては、フロントに立つ人材が広告主とのコミュニケーションにおいて、その場で回答できないということはありえない。つまり、広告主のフラストレーションの源泉となる「スタッフに確認します」は、もう通用しないのだ。

どの世界でも営業機能の見直しはされている。一般的には「セールス型から顧客の課題解決型へ」のような話であろうが、いまの広告業界ほど広範囲かつ深い知見が求められる業界はないだろう。これをワンストップで総合力対応することがいいのか、それぞれの専門家がそれぞれ広告主とコミュニケーションをとりつつ進める方がよいのか。営業機能の再編、スキルの見直しも含め最も大きな課題の一つである。

15秒と30秒の広告しか作れないＣＭ職人

既存の広告フォーマットでしか広告クリエイティブをアウトプットできないＣＭ職人的クリエイターのほとんどが絶滅する。

ＣＭ職人は制作プロダクションに所属すればよいのだ。広告代理店のクリエイターは、コアとなるアイデアを広告のクリエイティブだけでなく、情報のクリエイティブやブランデッドコンテンツ、そしてサービス開発にまで展開する力が必要である。

広告主も、15秒、30秒のＣＭ企画のアイデアレベルで企画を選択するのではなく、コミュニケーションプランニングを設計できるクリエイターをパートナーにすることが求められる。

ペイドメディア、オウンドメディア、アーンドメディアといったトリプルメディアへの展開力と、映像や読みものだけではなく顧客へのサービス開発ができるパートナーを選ぶ必要がある。それにはテクノロジー主導のアプローチでクリエイティブを発想できる人材など、従来の広告業界周辺にいる人材以外にも目を配る必要があるだろう。

自らデータ分析できないプランナー

広告代理店にはマーケティングプランナーやストラテジックプランナー（戦略プランナー）と呼ばれる人材が存在し、それが機能した時代もあった。しかし当然だが、現在においては広告主側に存在する一流のマーケターには及ばないし、本当に優秀なクリエイターにもあまり必要とされていない。

定性、定量調査などから顧客インサイトを発見し、コミュニケーションのコンセプトをキーワード化することが主な役割ではあるが、その仮説はそのプランナー自身の能力で優劣がわかれてしまう。

しかし、データマーケティングの時代に、広告代理店のマーケティングプランナー、ストラテジックプランナーはどう対応すればよいのだろうか。例えば企業のプライベートデータマネジメントプラットフォームを活用したデータ分析を担うつもりはあるだろうか。

データマネジメントプラットフォームで抽出可能なカスタマージャーニー（顧客の行動プロセス）データを顧客の洞察に活用し、商品開発やコミュニケーション設計へと展開するにはプランナー自身がデータ分析を行うことが求められる。

今後データマーケティングにどう向き合うのかが大きな課題だ。いまのままでよいのであれば、生き残りは難しいだろう。特に若手のプランナーは、先輩諸氏が確立している実績や技術に対して意見することに躊躇しているとしても、自分は変わる努力をしておかないといけない。

他の業界を見回してみても、現状では広告キャンペーンの実施能力において広告代理店の右に出る業界はないだろう。担い手が他にいない以上、業界がなくなることはない。しかし問題はその付加価値のつけ方である。

この先広告代理店は、ハイエンドなコンサルティング能力とそれを反映させたオペレーションサポートがきっちりできないと、特定のポジションを維持することは難しい。オペレーションはただの労働代行に過ぎないので、ハイエンドなコンサルティングスキルがないと、付加価値が低くなるという結論となる。そういう時代に中途半端なプランナーはまったくお呼びでない。

ハイエンドなコンサルティングができる知見・スキルは個人に帰属する。広告代理店としての総合力が発揮できるのは、旧来のビジネスモデル内だけだ。そうした領域自体がなくなることはないが、それができたとしても付加価値が高まることにはつながらない。デジタルマーケティングの領域に関しては、例えば２０００人の社員がみんなで頑張ったとしてもたった一人の才能にかなわない。

広告代理店の仕事を再定義

広告・マーケティング領域には基本三つの仕事がある。

一つ目はコンサルティングだ。具体的には広告主側でぼんやりと見えている方向感を整理し、課題が明確に定義できていないことを指南していく仕事だ。

二つ目は、広告主が課題を把握しているものの解決する具体的手段がわからないので外部へ依頼する仕事だ。この類の仕事の典型はクリエイティブ領域の仕事であり通常は予算が提示されて進められる。

最後に三つ目はクライアント企業が課題も具体的な解決手段もわかっているが、自分で実行するのが面倒なので外部へ依頼する仕事だ。当然、三つ目が価格競争にさらされ、一番付加価値が低い仕事となる。

広告代理店にとっての最大の危機は、三番目の仕事しかなくなり、とてもいまの給与水準を保つことができず付加価値の低い企業になってしまうことである。広告代理店、特に社内にハイエンドなコンサルティングスキルを持った人材がいない広告代理店は次のような事態によって、自社の付加価値が極めて低くなるだろう。

- **マーケティングの通貨がユーザーデータに置き換わる。**
- **データ取引において、いまの広告代理店業態では役に立たない。**
- **この現状にいまの経営者が理解不足であるため、後手にまわり対応できない。**
- **さまざまな広告配信管理プラットフォームの登場に対応できず、実行領域の仕事の発注もなくなる。**

いかがだろうか。いささか厳しい面もあったかもしれないが、絶滅する人材から逆算して改善を施せば、付加価値の高いサービス提供者として、生き残る道は十分にある。それでもいまの人員の8割を入れ替えるという大手術がいることには変わりはない。

デジタル音痴の経営判断は会社の死を意味する

非常に残念だが、いまの日本の広告代理店の経営陣のほとんどが、デジタルマーケティングおよびマーケティング領域へのテクノロジー活用法を理解しているとは言い難い。いまの経営者たちの年齢からすると、現場でやっていたことは従来型の広告ビジネスでの成功体験だけなので「経験していないのでわからない」のに「わかった気になっている」危ない世代と言える。デジタルマーケティングも既に15年以上の歴史がある。まったく経験のない人材がいまから勉強して本当の意味でキャッチアップできる時期はもう7〜8年前にとっくに終わっているのだ。

また、ソフトバンクの孫正義社長をはじめ、デジタルの本質が理解できる先頭世代はいま50代半ば過ぎくらいだろう。これより上の世代が本当にデジタルを理解しているということはまず稀である。その理由の一つは日本の広告代理店の経営者がすべて文系出身だからだ。

「スター」経営者が求められている

世界3位の広告代理店ピュブリシス社長のモーリス・レビーは72歳だが、同社のITシステム担当者から社長となっている。日本ではメーカーには理系の社長はいるが、広告代理店には見当たらない。

そもそも、多くの日本企業はジョブローテーションを繰り返し偉くなる。広告代理店は営業で大きな成果を残し社長までのし上がっていくパターンが多い。しかし、偉大な営業マンであることが社長の条件とは必ずしも言えない。社長の資質は別なところにある。順繰りで社長になるという従来の慣習を踏襲しているようでは、求められる変革の実行が可能なリーダーを生むことはできない。

欧米の広告代理店の社名には、ほぼ創業者の名前がついている。創業者であり偉大なビジネスクリエイターでもある人物がいて、その知見とスキルを発展させ企業として成長を果たしている。

デジタルがマーケティングの中心となった現在においては、日本でも広告代理店に新たな創業が必要なのだろう。そして創業にはスター創業者が必要なのだ。一人の圧倒的な能力しか再創業は難しい。新たなスキルはまずは属人的に作られ、そこから組織化されるものなのだ。

次世代型の広告代理店はスター経営者が会社全体をリードしないといけない。つまり次世代型の広告代理店の経営者とは、その会社のナンバーワンコンサルタントであり、ナンバーワン営業であり、ナンバーワンプレゼンテーターでなければならない。スター経営者となる人材がいない会社は、外部から招聘すればよい。日本でも大企業が経営トップを外部から招聘するようになってきた。スター経営者を招聘できないのは、株主の無作為である。新たな時代はやはり一人のリーダーが作るのだ。

次世代型広告代理店のリーダーに必要な資質

では、次世代型の広告代理店のリーダーに必要な資質を列挙してみよう。

① マーケティングとコミュニケーションの本質を語ることができる。
② マーケティング全体の中に、デジタルを包含しデジタルによって得られる「気づき」をマーケティング施策全体に反映させる構想力をプレゼンできる。
③ 従来のクリエイティブをデジタルマーケティング／データマーケティングによっ

てどう改革発展させられるかを説明できる。

④ 次世代型の広告代理店に必要な新たなスキル、またその育成方法について語ることができる。

⑤ ビジネスロジックを十分理解し、マーケティング側からテクノロジーを評価することができる。

「こんな人材いるわけないだろう」という声が聞こえてきそうだが、ビジネスモデル、提供サービスの質、そのスキルを変革するリーダーというのは、このくらいでなければだめだ。その認識をすべての広告代理店のステークホルダーに持ってもらわなければならない。

また何より重要なのが求められるリーダー像を設定し、社内外から探し出す行動を起こすことである。いままでの延長線で社長候補を選んでいては、いつまでも変わらない。次世代型に変われないということは、すなわち会社の死を意味する。

広告主の判断基準は「どこに頼むか」ではなく「誰に頼むか」になっている。いままでにない知見を求めているため、こういった傾向はこれからも進む。「誰に」があなたの会社の社長になれば、自分にとって最も心強い存在となるはずだ。社員、役員、株主、また取引先も含めて広告代理店のトップが持つ資質と知見を、厳しく要求するようにならなければいけない。

マスメディアの凋落、メディア間を浮遊するユーザー

広告ビジネスのパラダイムシフトはメディアの変化と表裏一体だ。ではメディアにはいまどのような変化が起こっているのだろうか。

テレビ放送が開始され2013年2月で60年という節目の年を迎えた。歴史的には1870年代に日刊の新聞が刊行されはじめ、1922年に現在の形態の週刊誌が登場し、1925年ラジオ放送開始、1953年テレビ放送開始という順序を経ていわゆるマスメディアは普及、発展していった。そのような歴史の中で近年マスメディアへ大きな影響を与えた存在はご存じインターネットである。

1995年にウィンドウズ95が発売されて以来、一般家庭にも急速にネットの環境が整備されていった。個人や企業がマスメディアを経由せず情報を全世界へ容易に発信でき、かつその情報へは誰でもアクセス可能な世界が現実になった。博報堂DYメディアパートナーズが発表する『メディア定点調査（東京地区）』で「一日のメディア接触時間の推移」を見てみると、他のメディアが減少傾向の中で「ネットとの接触」

は右肩上がりに増えている（表１）。

年齢別や各メディアごとの分析を見ても、全体的に新聞やテレビの比率が全年代で減少傾向なのがわかる。特徴的な点はより高齢層向けのメディアになりつつあることだろう。２０１０年と２０１３年の比較で見ると若年層の接触時間が大きく減っていることがわかる（表２）。

いわゆる若者の新聞離れやテレビ離れが進行しているのだ。ネットの登場により情報量は膨大になったが、個人取得できる情報量は限られる。その影響で新聞やテレビが選択される可能性は相対的に低下している。ユーチューブやフールー（Hulu）などネット上での動画視聴サイトはテレビの代替となるサービスであ

表１：１日のメディア接触時間・時系列変化

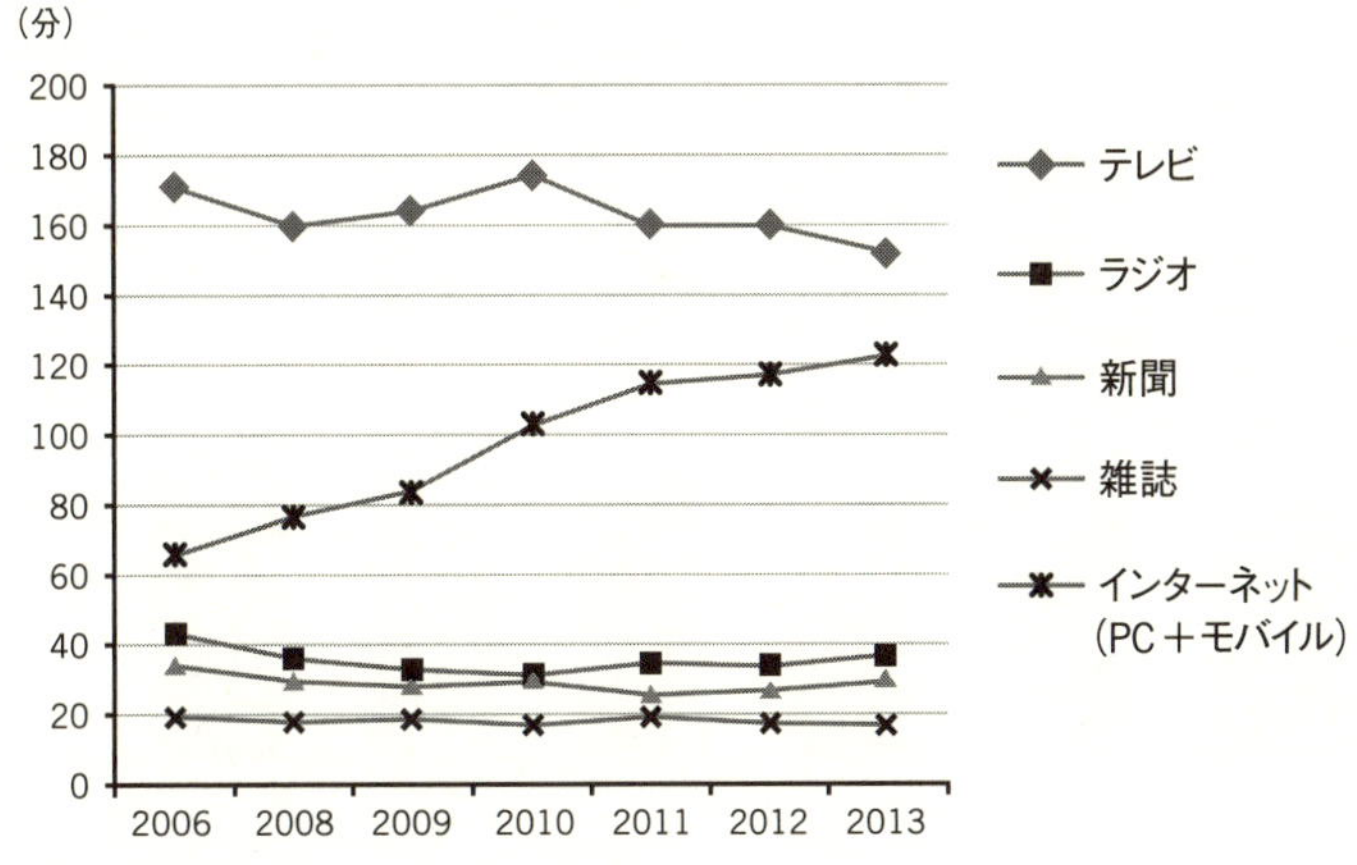

博報堂ＤＹメディアパートナーズ メディア環境研究所 メディア定点調査（東京）2006～2013 をもとに作成。

り、ご存じのとおり新聞はネット上のニュースサイトやポータルサイトにその役割を奪われている。

人口動態とマスメディアの高齢化

実際マスメディアは人口動態よりも速いスピードで高齢化している。

調査会社のデータによると例えば、テレビは１９９８年から２０１０年までの12年間で見ると、世帯視聴率は10％も落ちていないが、個人視聴率にすると、20〜34歳の男性（Ｍ１）で30％近く、20〜34歳の女性（Ｆ１）で20％近く落ちている。50歳以上では微増程度なので視聴者の高

表２：年齢別メディア接触時間の割合の年別比較

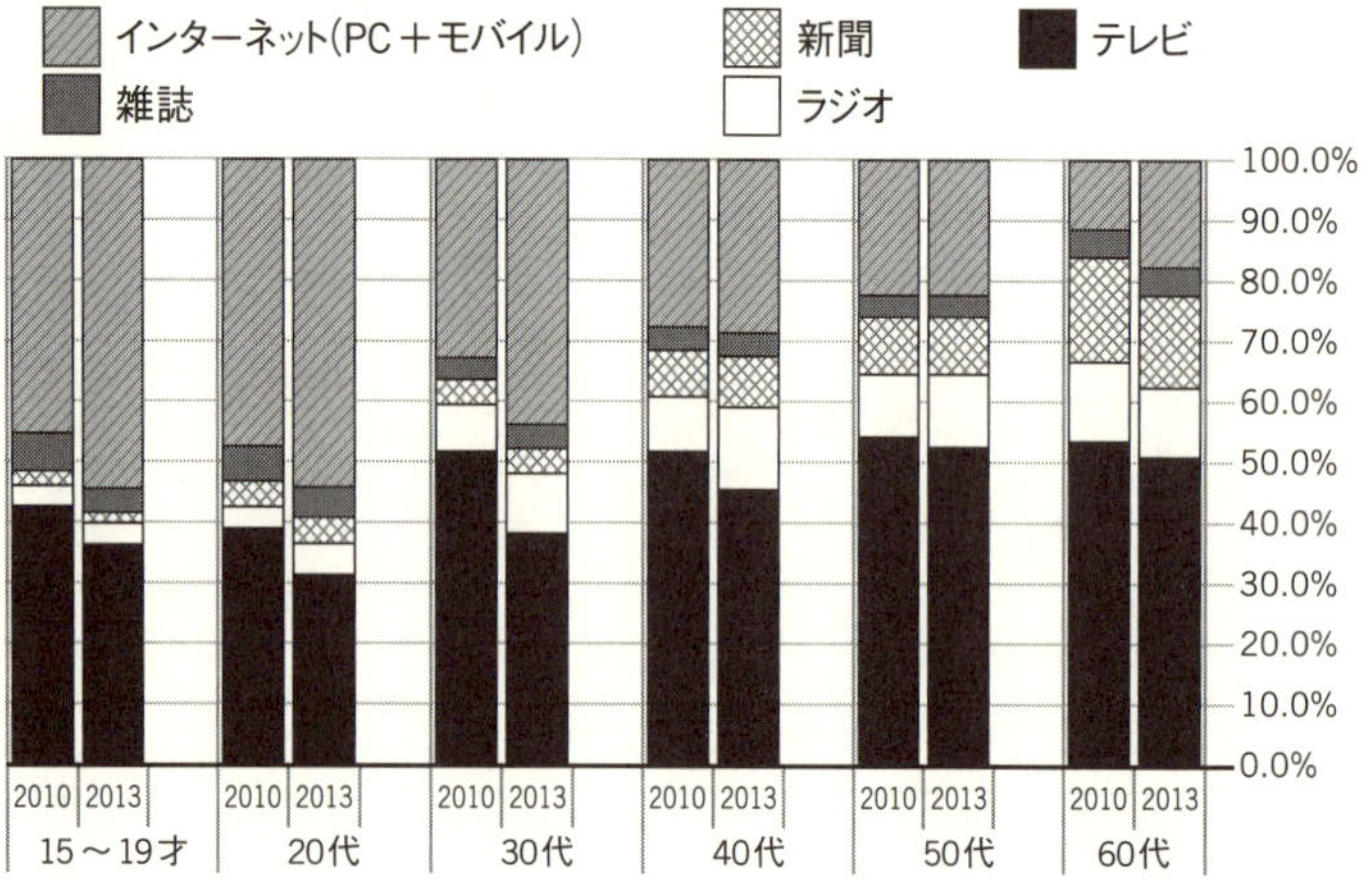

博報堂ＤＹメディアパートナーズ メディア環境研究所 メディア定点調査（東京）2013 および 2010 をもとに作成。

齢化が進んでいることになる。

しかも、これはあくまで「率」なので到達する人の絶対数で比較すると、上記の12年間でM1層の人口はほぼ8掛け、つまりそもそもの母数が減っている。その上で到達人数を１９９８年で１００とすると、２０１０年には57程度にまで落ちている。逆に50歳以上の男性（M３）、女性（F３）は１００から１３０にまで増えている。テレビをつければ「グルコサミン」や「コンドロイチン」のCMだらけになるわけである。

また、新聞も若い世代の閲読者の落ち込みはひどい。10代、20代は１９９８年を１００とすると２０１０年には、それぞれ10代男子32・1、10代女子34・4、20代男子37・2、20代女子39・4となっている。この数字は閲読率であって人口を加味していない。

テレビは世帯視聴全体だと、実は劇的には落ちていない。最近は高視聴率が獲得できるヒットドラマも時折でるため、その意味ではマスメディアの中ではテレビが一人勝ちをしていて、昔のテレビ・新聞のいわゆる「２強」という構図はとうになくなっている。新聞はビジネスマンや比較的高齢層のセグメントメディアになっていると言っていいだろう。

テレビに関しては、購買力のある若い視聴者の平日ゴールデンタイム（19時〜22時）

の在宅率は低く、テレビ広告を中心に施策を実施してきた広告主たちは頭を悩ませている。実際に筆者の周りで忙しく働く若い広告代理店勤務者も、テレビを見る時間がほとんどないのが現実だ。また必要な情報は自分で入手できるため、テレビを持たないという選択肢も普通になってきている。そもそもテレビに憧れを持ち、一家に1台は必ずあるものという認識が、若者中心に薄くなるならばテレビのメディアとしてのパワーはいま以上に落ち込んでいくだろう。

マルチスクリーンユーザーの急激な増加

当然スマートフォンやタブレット端末の登場もユーザーのメディアとの接触に大きな変化をもたらしている。２００８年のアイフォン、アンドロイド端末の登場でユーザーはフィーチャーフォンから乗り換えるもしくは2台持ちをし、普及率をあげている。

受け身の立場となる電話やメールが中核の機能となっていること、また高速で大容量の通信が可能なためさまざまなアプリケーションやブラウザ経由で情報を能動的に取得できることで、常に持ち歩ける高機能なメディアとして他のメディアと一線を画している。

スマートフォンより液晶の大きいタブレット端末も映像や文字の視聴に適しているため普及率は上昇しており、ユーザーの持つ情報接触のためのデバイスは多様化している。より手軽に4大マスメディアと接触時間を取り合うサービスがユーザーの手のひらに存在する状況が生まれている。しかし、スマートフォンやタブレット端末の登場がテレビ離れ加速の一因となるわけではない。

その手軽さゆえにスマートフォンとテレビ、スマートフォンとパソコン、タブレットとテレビなど、同時に複数のメディア（デバイス）を視聴するマルチスクリーンユーザーがでてきている。広告主をはじめ、さまざまな企業でこのマルチスクリーン化は注目を集めており、リサーチ会社であるニールセンやグーグルなど複数の企業がマルチスクリーン利用動向を調査している。[1] グーグルによる2013年の発表では複数デバイスを保有するユーザーの約60％が同時利用を経験し、テレビを視聴しながらのパソコンの利用者は約25％〜45％で、スマートフォン利用者は約45％となっている。

グーグルのレポートでは利用目的はパソコンが「情報収集」と「仕事」、スマートフォンが「情報収集」「コミュニケーション」「暇つぶし」と共に情報収集がメインであるが潜在的なデバイスの利用目的の違いが見てとれる。

サイト閲覧や検索などの情報収集の起点はスマートフォンが担うことが多く、そこからパソコンやタブレットに引き継がれていくユーザー行動も確認されている。また、53％のユーザーがテレビや雑誌などのオフラインの広告接触後にスマートフォンでの情報検索をしたことがあると回答しており、それぞれのデバイスがそれぞれのデバイスやメディアからユーザーを完全に取り合うわけでなく、それぞれを同時にまたは用途に合わせ順番に使っていく傾向にあることがわかる。

テレビ起点ではない企画が必要

このことから、スマートフォンやパソコンの普及は必ずしも4大マスメディアの崩壊を促すものではなく、ユーザー行動に合わせたメディアのあり方を模索することで再成長、補強をするテクノロジーとして有効になってくる。

しかしユーザーの行動に即していない考え方や企画の遂行はかえって健全なメディアやデバイス利用にブレーキをかけてしまう恐れがある。テレビにおいては放送局各社がスマートフォンやパソコンを巻き込む企画を行っているが、放送番組を見てスマートフォンを起動するテレビ起点の企画が多く見受けられる。そもそものテレビの必要性を再定義した企画でなければ意味がない。

受け身のデバイスであるスマートフォンの電源を、一日中つけたまま都度情報に触れているユーザーが多いため、スマートフォンを起点にテレビや他のメディアへの誘導を促す方法の模索が必要になってくる。この点において、リアルタイムでのコミュニケーションツールとなるツイッター、フェイスブックやラインなどの活用が重要となるのだ。

また、コンテンツを保有している放送局各社はネット上でのコンテンツの視聴を可能にするため自社保有のサービスもしくはコンテンツ配布などの方法でビデオオンデマンドサービスを活用している。ジャストシステムが２０１３年10月に行った『ＶＯＤ（ビデオオンデマンド）サービスに関する調査』によるとオンデマンドサービスでもユーザーによって利用動向に違いがでてくる。[2]

男性はノートパソコンやデスクトップパソコンでの利用が多く、女性はスマートフォンでの利用が多い傾向にある。また現状では放送局それぞれが保有するサービスでなくコンテンツ配布をしている「iTunes store」や「Gyao! ストア」の利用率が高くなっている。それぞれのメディアやデバイスの特性やユーザーの行動を意識した活用ができなければ、競合や新規参入者に後れを取ることは必至である。

メディアを取り巻くテクノロジーはめまぐるしく進化している。新しいテクノロジーの登場に振り回され極端な意見が多く見受けられる中、利用する広告主、広告代理店、メディア各社がそれぞれの歴史の中で培ってきたノウハウやスキル、コンテンツやクリエイティブを改めて見つめ直し、それぞれが一人のユーザーとしての目線で冷静にテクノロジーをコントロールして最大級のコミュニケーションを創出していくことが求められている。

Ａからはじまるモデルは広告代理店の罠

広告、マーケティングの仕事に関わる方であれば一度は耳にしたことがあるＡＩＤＭＡ（アイドマ）、ＡＩＳＡＳ（アイサス）。理論としては正しいが、常に「Ａ」つまり「認知」からしかはじまらないのだろうか。

従来であれば大型新商品のキャンペーンはまずは大量の認知を獲得する必要があるという前提となり、当然認知から購買ファネルを設計することになる。しかしＢ２Ｃ向け商材のマーケティングが、すべからく消費者の認知獲得からスタートすべきなのかというと必ずしもそうではなくなっている。

「購買ファネルのどこに投資をすれば最も売れるのか」。それを立案・実行することがマーケティングの真骨頂と言える。その商品のライフステージ、購買サイクル、流通環境によっては、まずは消費者への認知を増やし、そこから購入意向者を増やし…という試みが的を射た施策でない場合も多い。

既存顧客の維持・拡大、習慣的な購買の促進、購買者のクチコミによる新たな購買者層の獲得など、ＢＵＹからはじまるファネルを設計することでできることも非常に多い（図3）。そのため広告を活用し、まず認知させることからスタートするステレオタイプなマーケティング手法にこだわっている広告代理店では、そもそもパートナーとしての役割が果たせない場合も多いのだ。

穿った見方をすれば、Ａからはじまる購買ファネルを広告代理店が提唱するのは、広告主を「罠」にかけるためだったのかもしれない。なぜなら、「広告を買わせること」が広告代理店の収益の源泉となっているからだ。

20数年前から存在するヴォーンのマトリックスでも、低関与商品カテゴリーの

図3：蝶ネクタイ型パーチェスファネル

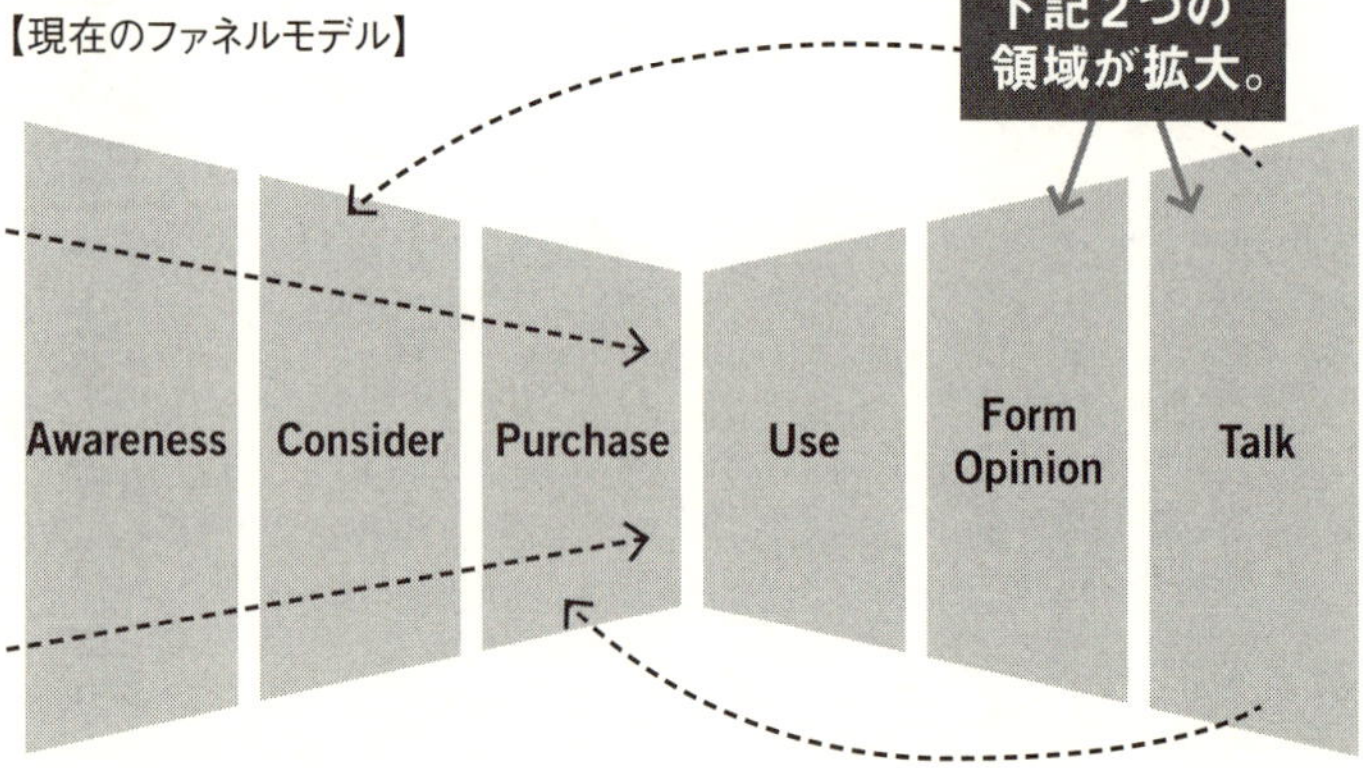

ソーシャルメディアのパワー拡大により、ブログやSNSなどから情報をキャッチし、そこで認知するネットユーザーが増加傾向にあるため、従来型メディアを利用したアウェアネスの拡大だけではなく、購買後の領域も施策構築の上で決め手となっていくと考えられる。

理性型購買ではＢＵＹ→ＬＥＡＲＮ→ＦＥＥＬ、情緒型購買でも、ＢＵＹ→ＦＥＥＬ→ＬＥＡＲＮというプロセスを定義している（図４）。つまり、広告を活用した認知獲得からスタートしないマーケティングモデルが必要であり、施策を企画実施できる広告代理店も実は求められているのである。

　これらを実行するにはプロモーションの知見、デジタル・ソーシャルの知見、ＰＲの知見を一体化させる必要があるが、プロモーション領域以外については、現状の広告代理店にとって比較的不得意なジャンルである。総合広告代理店が、大きな組織の中で対応しようとしても障害が多くスピーディー

図４：ヴォーンのマトリックス

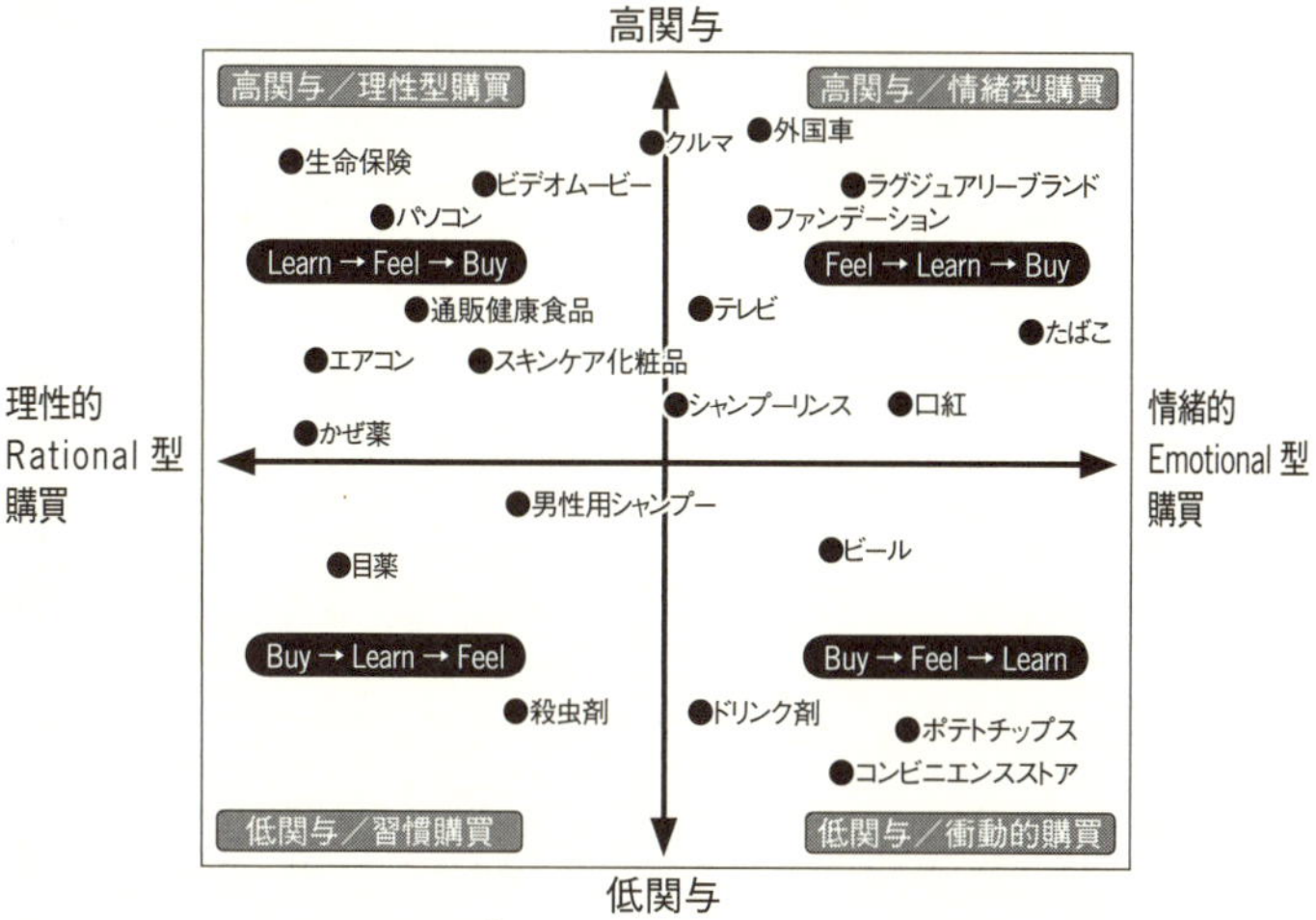

（出典：アサツーディ・ケイ　AID-APD®）

な対応が難しい状況のため、新しいスキルを集約、収斂させるには比較的小さな組織に一体化させて育成するしかないだろう。

第2章

データを制するものがビジネスを制す

データ保有合戦で無用の存在となる広告代理店

ビッグデータと呼ばれるものの内、マーケティングデータに活用できるものの多くは顧客または将来の顧客のデータベースである。

極端な話、顧客となる可能性のあるユーザーすべてをデータベース化して、個別のコミュニケーションをとることができる。ただそれは理屈上の話で、実際にはすべてのユーザーとワン・トゥ・ワンのコミュニケーションをとる必要はない。しかし、相当細かく顧客のセグメントが可能で、しかも従来にはないカテゴライズでセグメントすることでより精度の高く効果的なマーケティングを効率的に実行することができる。

広告、マーケティング領域においてはコミュニケーションの対象者であるオーディエンスデータを整備することが喫緊の課題である。しかし、広告代理店がこのオーディエンスデータ保有にどうコミットしていけるか、甚だ疑問だ。

いわゆるユーザーの購買・行動履歴データを指すオーディエンスデータはグーグル

やアマゾンをはじめ多くの有力ウェブサイトが保有している。また、広告主も顧客データベースや会員データ、ウェブサイトへの訪問者というオーディエンスデータを保有する。そのほかにもポイントカード、クレジットカードや外部のデータ供給会社も存在する。

ところが、広告代理店はオーディエンスデータを保有する立場にないのだ。これは致命傷である。

「仲介役」の意味がなくなる

そもそも、広告主とメディアをつなぐのが広告代理店の役割だ。オーディエンスデータを活用したマーケティングの実行が求められるデータマーケティングの時代においても、メディアが保有するオーディエンスデータと広告主が保有するオーディエンスデータの流通の仲介役を担えばよいと思うが、問題は「仲介する『意味』や『価値』があるのか」という点である。

データ流通ないし、交換（エクスチェンジ）に何らか関わるのであれば、自前でオリジナルなオーディエンスデータを保有しないといけない。独自のデータを持ち広告主ないしメディアの持つデータとマージすることで価値あるデータにすることができなければ関わる意味がないのだ。

「分析力」を企業へ提案したいのであれば、オリジナルなオーディエンスデータを保有しない状況では極めて難しい。拠りどころがないのに価値を提供することはできない。では、同じような状況であるはずの欧米の広告代理店各社はこれにどう対応しようとしているのだろうか。

まずは広告配信結果データを確保

図1はデータマネジメントプラットフォーム（ＤＭＰ）上での活用が期待される4つのデータ群だ。この中で広告代理店が保有しかつ活用の期待が考えられるデータは「広告配信結果データ」である。

なぜ、欧米の巨大広告代理店がホールディング会社の傘の下に、広告枠やオーディエンスデータのリアルタイムでの売買、運用を得意とするトレーディングデスク会社をおさめ広告配信事業を展開しているのか。しかもデマンドサイドプラットフォーム（ＤＳＰ）やリアルタイムビッディング（ＲＴＢ）などの広告配信テクノロジーが普及して間もなくそうした動きがはじまっている。トレーディングフィーを稼ぐことでビジネスが成り立っていることは言うまでもないが、それだけではない。膨大な広告配信・運用を担うことで広告効果の高いオーディエンスデータや掲載面などのデータを取得できるからである。そして広告配信結果をフィードバックするいわゆる「リザルトラーニング（結果学習）」ができる環境になることに価値があるのだ。

　大手広告主であれば、プライベート型のデマンドサイドプラットフォームを使い広告配信・運用を行い、プライベート型のデータマネジメントプラットフォームにリザルトラーニングデータをフィードバックすることになる。一方自社で大量のデータを保有できない中小広告主にとっては、自社データだけでは成果が期待で

図１：データマネジメントプラットフォームを構成する４つのデータ群

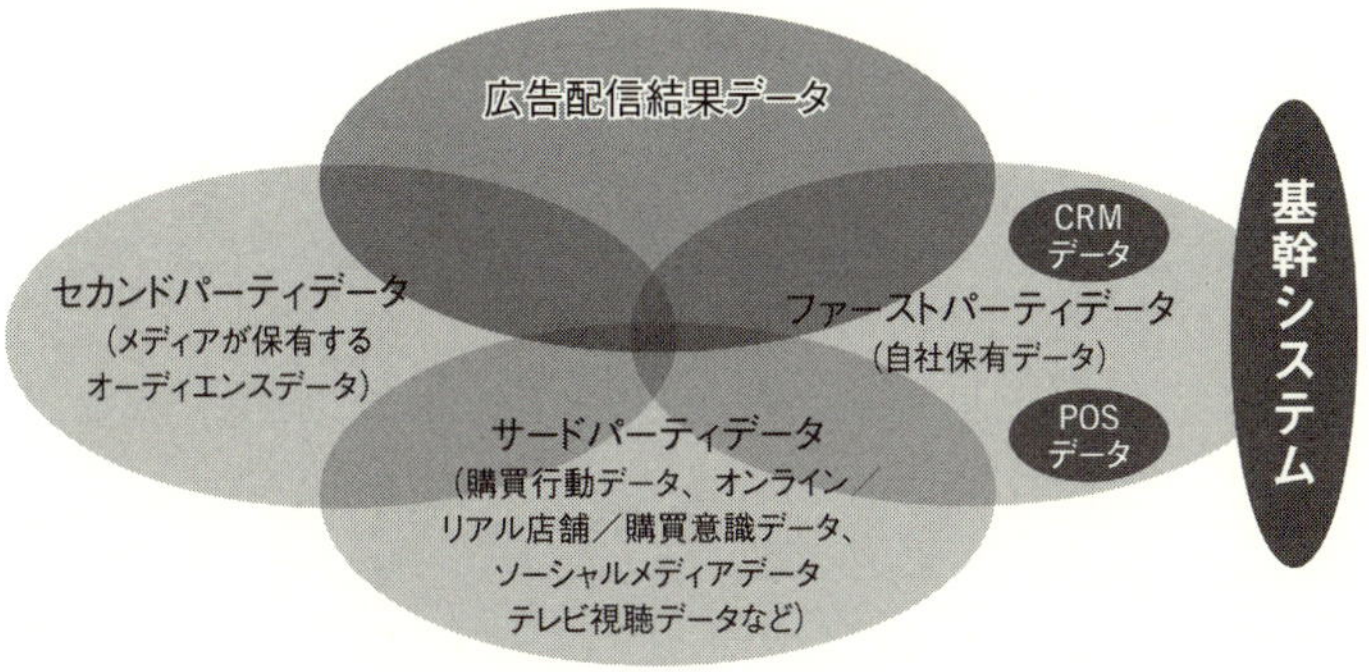

広告代理店がいま保有できる領域は「広告配信結果データ」しかない。

きない可能性があり、ブラックボックスとはいえ、広告代理店が保有する大手広告主の広告配信結果データを活用することで最適化が期待できるのである。

つまり広告配信・運用会社を傘下に持つ広告代理店は、広告配信を担うことで得られる「広告配信結果データを保有すること」が狙いであり、欧米の広告代理店はしのぎを削っているわけである。データ保有の主導権争いは、既にもう何年も前からはじまっている。しかし日本の広告代理店はいかにもこの動きに疎いし、このことを理解している経営幹部も少ないだろう。

企業保有データとメディア保有データの融合が先

さて、4つのデータ群のうち日本には米国ほど購買行動データなどを指すいわゆるサードパーティデータが多くない。ブルーカイ（Bluekai）やLotameのようなサードパーティデータの供給会社がほとんど存在せずサービスをしっかり提供できていないためだ。そのため広告配信結果データを蓄積しそれを最適化に活用するといった行動も、一部のデマンドサイドプラットフォームの提供会社がブラックボックスでやっているだけである。

そういった事情があるため企業自身が保有するファーストパーティデータとメディアが保有するオーディエンスデータ、いわゆるセカンドパーティデータの交換やマージが先に進むことになるだろう。

こういった流れが進むとメディア側は大きな広告予算を持つ大手広告主との交換を優先し、その広告主向けの効果的な広告商材の開発へのチャレンジが求められるだろう。その際まずデータ分析を行い、オーディエンスデータの有効なクラスター化（同じ趣味嗜好を持つ集団へわけること）ができるかどうかを試したい。この作業に広告代理店が介在することもあるだろうが、オーディエンスデータを保有していない広告代理店がどこまで存在意義を示せるかは疑問である。

広告配信結果データだけでは足りない未来

企業の自社保有データの分析は、プライベート型のデマンドサイドプラットフォームを構築し、自社で分析、運用するようになる。マーケティングの根幹とも言えるこうした作業を広告代理店に依頼するようではいけない。もしこうした取り組みができないようであれば、広告主でありながらマーケターが不在の状況と言わざるをえない。

広告代理店がこれらの作業を支援するには、企業のファーストパーティデータと統合し分析する価値のあるサードパーティデータを保有しないといけない。広告代理店が広告主のマーケティングを支援したいのであれば「広告配信結果データ」だけでは早晩立ちいかなくなるだろう。

では有効なサードパーティデータとはどんなものか。マス広告、特にテレビ広告に多額の予算を使う広告主にはメディアが保有するオーディエンスデータのほかに次のようなサードパーティデータが有効となるだろう。

- **●購買行動データ（オンライン／リアル店舗）／購買意識データ**
- **●ソーシャルメディアデータ**
- **●テレビ視聴を中心とするメディア接触データ**

購買行動データ、購買意識データを独自データとして保有して広告主へ提供できればとても優位性が増す。しかし広告代理店がそうしたデータを独自に保有することは難しい。調査会社が持つような数千人単位のパネルでの購買行動データであれば保有できる可能性もあるかもしれないがいまはビッグデータ、つまり全数データの時代だ。

アマゾンやTポイントカードのようなデータ取得装置を持てるかどうかが鍵だ。

狙うはソーシャルメディアデータやテレビ視聴系データ

一方ソーシャルメディアデータやテレビ視聴系データの保有に関してはかなりの分がある。ここで言うソーシャルメディアデータは、従来の意味でのソーシャルリスニングデータではなくソーシャルアカウントごとに、つまりユーザー一人ひとりを分析できるデータという意味だ。もちろん匿名性を担保しなければならないが、ソーシャルメディアの登録情報や商品に関するコメントデータをオーディエンスデータとマージすることで、付加価値の高いアウトプットが生み出せる可能性もある。企業サイトの会員登録にソーシャルログインを使い、ユーザーのソーシャルメディア上の登録データも活用した個別のリコメンドができるような仕組みが作れれば、よりユーザーメリットを醸成できるだろう。

テレビ視聴系データは、テレビ広告に多額の予算を割く広告主はもちろん、テレビ局にとっても喉から手が出るほど欲しい情報だ。なぜならオーディエンスデータを利用すれば番組のマーケティングができるからだ。

この領域であれば大手広告代理店に大きなアドバンテージがある。もっともこの領域まで他のプレイヤーに取られるようでは話にならない。いまの広告代理店の立ち位置からだと、この領域つまり消費者のメディア接触データをもとにオーディエンスデータのプランニングが行えるという点は大きな優位性と言える。

マーケティングの「通貨」はオーディエンスデータ

テレビの視聴率は実質的に通貨のようなものだろう。視聴率を足し上げるという実に奇妙な数値であるＧＲＰ（Ｇｒｏｓｓ Ｒａｔｉｎｇ Ｐｏｉｎｔ）で、テレビ局が定めた時間枠に広告が放送されるいわゆるスポットＣＭが取引されている。％コストを決めることで値付けされるわけだ。

ところが、この視聴率という「率」を基準にするモデルには落とし穴がある。例えばＧＲＰの獲得を指標とする広告主は多いと思うが、20～34歳の男女（Ｍ1、Ｆ1）などの若年層はどんどん人口が減っている現実がある。つまり母数が減っているので、いくら率が同じでも昔より到達人数は減るはずだ。それにもかかわらずコストは変わらない。いや母数が少なくなっている分、実質ターゲット到達コストは上がっている。

もっともテレビ局は世帯ＧＲＰで広告枠を売っているのでもちろん詐欺ではない。しかし、そもそも大雑把に性年齢だけでターゲットというのもこの時代では無理があり、到達量で量り売りをするのも限界がある。ＧＲＰがスポットＣＭを購入する際の

「単位」であることは変わらないだろうが、マーケティングデータとしては、あまり意味のないものになる可能性がある。なぜなら、今後はテレビ視聴状況を含むオーディエンスデータが流通することになるからだ。

どの番組へ「投資」すべきかの判断材料

視聴率という指標に対して、「視聴質を問う」という議論もいままで何回か行われてきたが、何をもって視聴質とするのかは結局、定義できていない。しかしテレビ視聴データを含むオーディエンスデータで視聴者を評価することで、視聴質の議論が決着するだろう。また視聴質が定まらなかった背景には、視聴率はあくまで番組の視聴率であって、テレビCMの視聴率でないこともあった。

テレビ視聴データを含むオーディエンスデータでは「どのくらい観られているのか」を計測することができる。テレビ広告の接触頻度も個別に把握できるので、接触ごとの広告認知やブランド認知、購買意向などを調査することも可能だ。

パネルの質は議論されるだろうが、詳細なテレビ視聴データがオーディエンスデータに組み込まれれば、購買行動やブランドへの関心をシングルソース（一個人）で統合することで、広告主がコミュニケーションしたいオーディエンスが視聴しているテレビ番組が明確になる。

つまり、オーディエンスデータを使ったネット広告のプランニングが基軸となり、マスメディアであるテレビのプランニングも包括することになるのだ。そして、ブランド認知を重視する広告主を中心に、ネット広告の効果指標がクリックから認知へシフトしていくと、テレビ広告とネット広告（特に動画広告）は、まったく同じ土俵で同じオーディエンスデータのもとプランニングされることになる。広告主からすれば、番組の視聴者をオーディエンスデータで評価できれば「この番組であればいくら払ってもよい」、逆に「この番組には一銭たりとも払わない」といった判断が可能となる。

テレビ広告は「売り手市場」である。スポットＣＭも実は欲しい枠だけ買うことはできない。Ａタイムという言葉をご存じだろうか。最も広告掲載料金が高い時間帯を指す言葉だ。Ａタイムに1本広告を掲載するにはＢタイム、Ｃタイムも抱き合わせで買わなければならないのだ。

売り方、買い方は市場の論理で決まる。売り手が強ければいまのような買い方しかできないのは経済原理に則っている。しかしデータマーケティングの時代では「自分が買っているものがどれだけの価値があるのか」を評価できる。それによって取引条件が変化していく可能性は高い。

テレビがメディアの王様だった時代は、ある意味マーケティング活動の王道はテレビ広告を出稿することだった。その結果、視聴率が「マーケティングの通貨」となった。しかしテレビの地位は揺るがなかったとしても、企業がマーケティング活動に利用するメディアはペイドメディアだけから、オウンドメディア、さらにはソーシャルメディアなどのアーンドメディアへ広がった。視聴率というテレビだけの到達指標ではなく、テレビを含むトリプルメディアにおけるトータルな指標となりえるオーディエンスデータがマーケティングの通貨となるのは必然だろう。

オーディエンスデータは広告主側が使うものだ。単なる顧客データベースという意味ではなく、同一人物でもどんなタイミングとどんな文脈でコミュニケーションすればそのユーザーが反応するのかが、オーディエンスデータを使えばわかる。トリプルメディア、さらにはファーストパーティデータ、セカンドパーティデータ、サードパーティデータ、そして広告配信結果データまでを管理し、オーディエンスデータから「価値」を生み出すべきである。オーディエンスデータの概念と定義、そしてオーディエンスデータからの価値の作り方について、広告主はしっかりと確立していくべきだ。

オーディエンスターゲティングの本当の価値

企業にとってネットユーザー行動は、ユーザーがどの程度その商品に関心を持っているのかがわかる便利なデータである。検索連動型広告が普及した背景は、キーワードデータをもとに興味・関心が顕在化しているユーザーに合った広告が表示できた点に尽きる。しかし、特に高額な商品カテゴリーにおいては「興味、関心があるユーザーへのマーケティング」だけでは効率的な広告投資ができない。比較的高額な商品カテゴリーで最も対象とすべきは、「関心があって購買力のあるユーザー」だが、二番目は、「関心があっても購買力はないユーザー」ではなく、「現状では関心を持っていないがそもそも購買力のあるユーザー」である。5年後10年後を見据えた長期のマーケティング施策であれば別だが、購買力のないユーザーへしつこく広告を打っても当然成果は期待できない。例えば、自動車メーカーのウェブサイトでのカタログ請求ユーザーは必ずしも購買層ではない。むしろほとんど買わない人の場合が多い。つまり高額商品の場合は「関心」にターゲティングするだけでは不十分なのだ。

番組の当たり外れを予想

オーディエンスデータには、購買力や購買意識、志向を示すデータを持たせることが可能である。こうしたデータを保有して広告主やメディアへ提供できれば、ブランドコミュニケーションのやり方そのものが変わる。

これができればテレビ広告にしても、購買力のない人ばかりが観ている番組や、その番組周辺のスポットＣＭを買うことはなくなる。テレビ局も単なる視聴率だけではなく、どんな購買行動や購買意識のユーザーが視聴しているのかを把握して、番組のマーケティングにデータを活かす術を身につけないと広告主側がどんどんオーディエンスデータを使って番組視聴者を丸裸にしてくる。その番組視聴者に購買を期待できるターゲットがどのくらい含まれているかを評価するようになるのだ。自らがまずオーディエンスデータを取り込み、広告主側よりも知識、経験を身につける必要がある。

視聴者のオーディエンスデータを分析して、広告主が求めるターゲット含有率（ターゲット到達量）の高い番組を作ることが、広告収入に頼るテレビビジネスの未来形となるだろう。

また、視聴態度やインプレッション効果（高い認知や印象を残す）には、何が重要でそれをどう構成するべきかが分析できれば、単に視聴率が高いばかりでなく質の高いユーザーへ強い印象を残すコンテンツとは何かを追求できる。

報道番組では番組コンテンツと広告情報はきっちり区別すべきだが、娯楽番組では番組内に特定の商品を露出させるプロダクトプレイスメントをはじめ、ＰＲ要素が入り込むチャンスは十分にある。テレビ視聴データが取得できるとソーシャルメディアなどのアーンドメディア活用にも影響を与えることになるだろう。ＰＲ会社にも企画の持ち込み力だけではなくオーディエンスデータへの知識、デジタルに対する理解、コンテンツのマーケティングに精通する能力が求められるだろう。

データでコンテンツをマーケティング

このようにオーディエンスデータの活用は広告主だけではなく、メディアのコンテンツ開発にも応用できる。具体的には、メディアの生命線であるコンテンツ制作過程でオーディエンスデータの分析というプロセスを組み込むことである。

メディアはコンテンツをパブリッシュ（発信）する役割を担う、コンテンツ開発のプロである。プロとしての矜持がある故にコンテンツをマーケティングするという文化はこれまでなかった。もちろん「受け手の期待以上の情報発信をするから意味がある」という考え方は否定しない。しかし、質の高いユーザーをより多く獲得するために、どんなコンテンツを作ればよいのかを科学的に分析するメディアが今後どんどん登場するだろう。そして、広告収入がビジネスモデルであれば、広告主が欲しがるオーディエンスを獲得するようなコンテンツのマーケティングも必要となる。

ウェブメディアの多くは、当然、記事タイトルや動画タイトルがどれだけクリックされたのか、どれだけページビューを稼いだのか、ユニークユーザーはどの程度かをチェックする。しかし、それは単に「量」を見ているだけでオーディエンス（読者、閲覧者）の「質」を把握できているわけではない。

多くのユーザーを獲得したいがその質も高めたい。そのためにはどのコンテンツをどれだけのユーザーが視聴し、そのユーザーがどういった人なのかも知りたいところだ。例えばユーザーの中に高級車を買った人が多ければ高級車を販売する自動車メーカーへ広告を提案することも可能となる。コンテンツ作りにオーディエンスデータを使うスキルはこれから開発されることになるが、メディアがデータマネジメントプラットフォームを使う意味は、まさにこのコンテンツのマーケティングにある。

というのも、広告商品開発とコンテンツのマーケティングは表裏一体なのである。そのため、メディアの広告部門だけがデータマネジメントプラットフォームを使ってもあまり意味はない。コンテンツのマーケティングなくして、広告商材開発もない。

メディアはコンテンツと広告商品のマーケティングをすべきだ。質の高いオーディエンスに対して質の高い広告枠でコミュニケーションする機会を広告主に提供すればその価値は高い。

一方コンテンツの課金モデルであれば、なおさらオーディエンスがお金を払ってくれるコンテンツは何かをマーケティングする必要性が生まれる。メディアというカテゴリーの企業でコンテンツをマーケティングできているのは、筆者の知るところだとリクルートぐらいだが、データマネジメントプラットフォームを本格活用するメディアが増えると、第二第三のリクルートが登場してくるかもしれない。

効率とリーチ、相反する指標

これまで述べたように運用型広告が定着してきた感があるが、こうした手法にデメリットがあるとすれば、「『効率』は保証するが『到達量（リーチ量）』は保証できない」ということだろう。従来通りの「枠もの」であれば比較的到達量の目途がつく。一方運用型広告の場合、効率は担保するが到達量の獲得は保証しない。

しかし、今後は効率と絶対量を両立させることが広告運用担当者の役割となる。ただそのやり方は従来の効果が把握できないままの広告売買の時代とは変わるはずである。予算を獲得して実行してその成果を検証するのではなく、最初に成果を見積もって予算化して実施するというプロセスとなるのだ。

データマーケティング時代においては、デジタルデータを中核とするさまざまなデータを使っていま（現状）を知り、打ち手を企画実施し、その結果を予測することが可能だ。これを繰り返すことで成果を見積もって企画する、つまり結果を予測して企画実施し、予測との誤差を修正するＰＤＣＡサイクルを作ることになる。

広告主のマーケティング施策を支援する立場である広告代理店は、広告主と共にパートナーとして主体的に効果と効率を両立させる運用を行わなければならない。月に1回レポートを持ってきて報告するという従来のやりとりではなく、管理レポート画面の前に並んで運用結果データを共有するイメージだ。

「足し算」か「引き算」か

仮にデータマネジメントプラットフォームを駆使して、コミュニケーションすべきオーディエンスデータをセグメントできたとしよう。広告配信のやり方は掲載面を選ばずクッキーに紐付けて行う方法と質の高い掲載面を特定し、そのオーディエンスデータごとにブランドやクリエイティブを出しわける方法がある。

どのようなオーディエンスが集まっているのかで、その広告枠の質が評価されると述べたが、そういった質の高い掲載面に対しても自前の広告配信プラットフォームを持てれば、オーディエンス別の広告配信も可能となる。ブランド認知や態度変容効果を重視していくと、こうした手法が増える可能性がある。クッキーデータをもとにオーディエンスをどこまでも追いかける手法と、質の高い掲載面を特定して広告を配信する手法は、広告主のゴールによって使いわけが必要だ。
特定のクッキーデータに狙いを定めての1インプレッションを積み上げる、いわゆる「足し算」なのか、質の高い掲載面への配信から効率の悪い配信を排除していく「引き算」なのかを判断することは、今後の広告枠売買における基本的な考え方となっていくだろう。

メディア側の立場では、買い手の欲しいオーディエンスだけ「虫食い」的に買われるのでは広告収益の最大化が難しい。リアルタイムビッディングを利用したデマンドサイドプラットフォームでの売買だけなら個別の買い手が「虫食い」しても完売する可能性はあるが、プレミアムな広告枠として売ることを考えると、特定少数の広告主との契約モデルも併用しないといけない。その際に買い手にとって効率の悪い配信の除外は必須条件となるだろう。

広告代理店の役割は買い手の論理もさることながら、メディアの広告枠の価値を高めることにもある。「メディアの代理」と「広告主の代理」が共存する日本特有のスタイルならではの課題と言えるだろう。

マス／デジタル／リアルの3領域をカバー

ここまでオーディエンスデータを保有しないことが、いかに危機的な状況を生み出すのかについて言及してきたが、その根底にはマーケティング環境の劇的な変化がある。マーケティング環境にどのような変化が起こっているのだろうか。

デジタルの浸透により、これまで分断されていたマス／デジタル／リアルというそれぞれの領域がつながりはじめた。その実態を表現したのが図2だ。この3領域のコミュニケーションと顧客導線を統合的に管理できる存在になれるかどうかが、次世代型の広告代理店の試金石となる。

図２：マス／デジタル／リアルの３領域

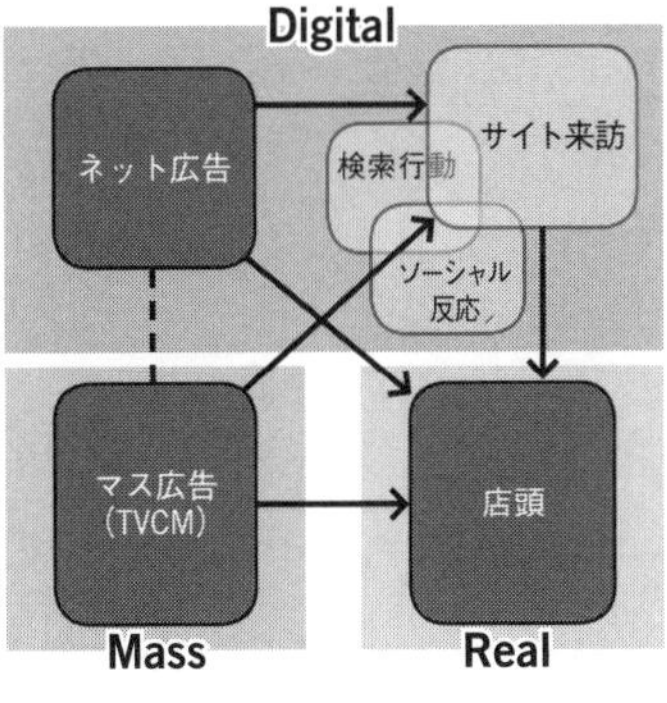

従来のマスマーケティングでは、左下から右下への流れを作ることが役割であったと思う。しかしデジタル領域が大きく広がりマーケティング対象となった。上下は分離状態が長く続いたが、マス広告を打てば必ずウェブ訪問や検索行動、ソーシャルメディア投稿などで反応が起きる。デジタルで測定・把握できるデータをもとに3領域全体を最適化する試みこそ次世代型のマーケティングと言える。これら3領域を統合的に機能させることは、それぞれの領域に有機的連動、連携を仕掛け、顧客流動を数値で把握することだ。

従来、デジタル領域だけでの最適化、つまりネット広告による顧客誘導、コンバージョンを目的とするマーケティング施策が、ネットという閉じた世界で行われてきた。この領域は特に顧客獲得単価が重要視される。しかもいまだに顧客誘導の効果を直前クリックのみで評価するという、実際の最適化とは程遠い考え方で運用している広告主が多い。

少なくとも第三者配信サーバーを介して、ポストインプレッション（広告を表示した際にはクリックなどの行動を起こさなかったが、後からその広告で訴求されていた商品のウェブサイトへ訪問するなどの行動を起こすこと）を含む顧客誘導効果を評価し直すことは必要だ。オンラインアトリビューションは既に難しい作業ではない。ネットを活用するマーケターは、まずオンラインのアトリビューションをしっかり確立すべきだ。このステップを経ずにトータルアトリビューションは叶わない。

マスとデジタルを連携した施策

ダイレクトマーケティングでは極めて短期的な時間軸をもって、広告の効果を評価することがほとんどだが、比較的中期的なブランディング投資を組み合わせることで短期的な刈り取り効果も含めた最適化が実現できる。

通常ダイレクトマーケターはマス広告投資も短期的な刈り取り効果でのみ評価するケースが大半だが、手練れのマーケターは刈り取り広告でありながら、その中のブランディングコミュニケーション要素を意識している。

デジタル領域だけでのブランディングという考え方もあるだろうが、マス広告（特にテレビ広告）によるブランディング効果は絶大であり、これをうまく取り込むことで、マーケティングの全体最適化がダイレクトマーケティングであっても実現できるはずである。

当然のことだが、ネット活用によるダイレクトマーケティングもデジタル領域に閉じた広告代理店では、その最適化は難しいと言わざるをえない。しかし「デジタル領域はネット広告代理店」、「マス広告は総合広告代理店」という形で別々の領域として機能させる広告主は多い。

「デジタルに強い」「マスに強い」という話は既に論外で、マスとデジタルを連携した施策を企画運用できるかが鍵である。その意味で、マスでの反応をネット上で観測し反応者をマーキングするなどの技術に対応できるかが重要である。

さらにリアルの販売チャネルを主力としている一般消費財メーカーであれば、当然ここにリアル店舗という領域の追加を求める。統合的に連携させることができる広告代理店でなければならない。

こうなると、従来の左下から右下への流れを作ることだけでなく、左上から右下への誘導とその管理、右上から右下への誘導（Ｏ２Ｏ、いわゆるオンライン・ツー・オフライン）、そしてマス広告（特にテレビ広告）とデジタル広告の同一効果指標による配分モデル（最も相乗効果が得られる配分手法）の確立などが必要となってくる。

オンライン・ツー・オフラインも「オンラインからオフラインへ」だけでなく、オフラインの顧客を顧客データベースというデータマーケティングの対象にできるように仕掛ける「オフラインからオンラインへ」という視点も必要となる。マス／デジタル／リアルの統合管理ができる次世代型の広告代理店に求められる条件とは次の条件となるだろう。

①　オンラインアトリビューション（左上から右上の最適化）（図3）。

②　マス広告によるデジタル領域での消費者反応を把握し反応者をコミュニケーション対象としてデータ化する（左下から右上の最適化）（図4）。

③　左下と左上を同一効果指標で最適化する（図5）。

④　「オンライン・ツー・オフライン」ないし「オフライン・ツー・オンライン」（右上と右下、図6）。

⑤　①〜④を通じて改めて「左下から右下」を最適化する。

特に⑤は、筆者が主張する「デジタルマーケティングとは、デジタルで得られるデータや知見、発見をもとにマスとリアルを含むマーケティング全体を最適化する試み」という考え方を示している。

マス／デジタル／リアルの3領域の統合的最適化を目指すことは従来の「マス広告からリアル店舗へ」の顧客誘導を「経験と勘」から「データで最適化する」マーケティングへ移行させることなのだ。

図 3：オンラインアトリビューション（①）

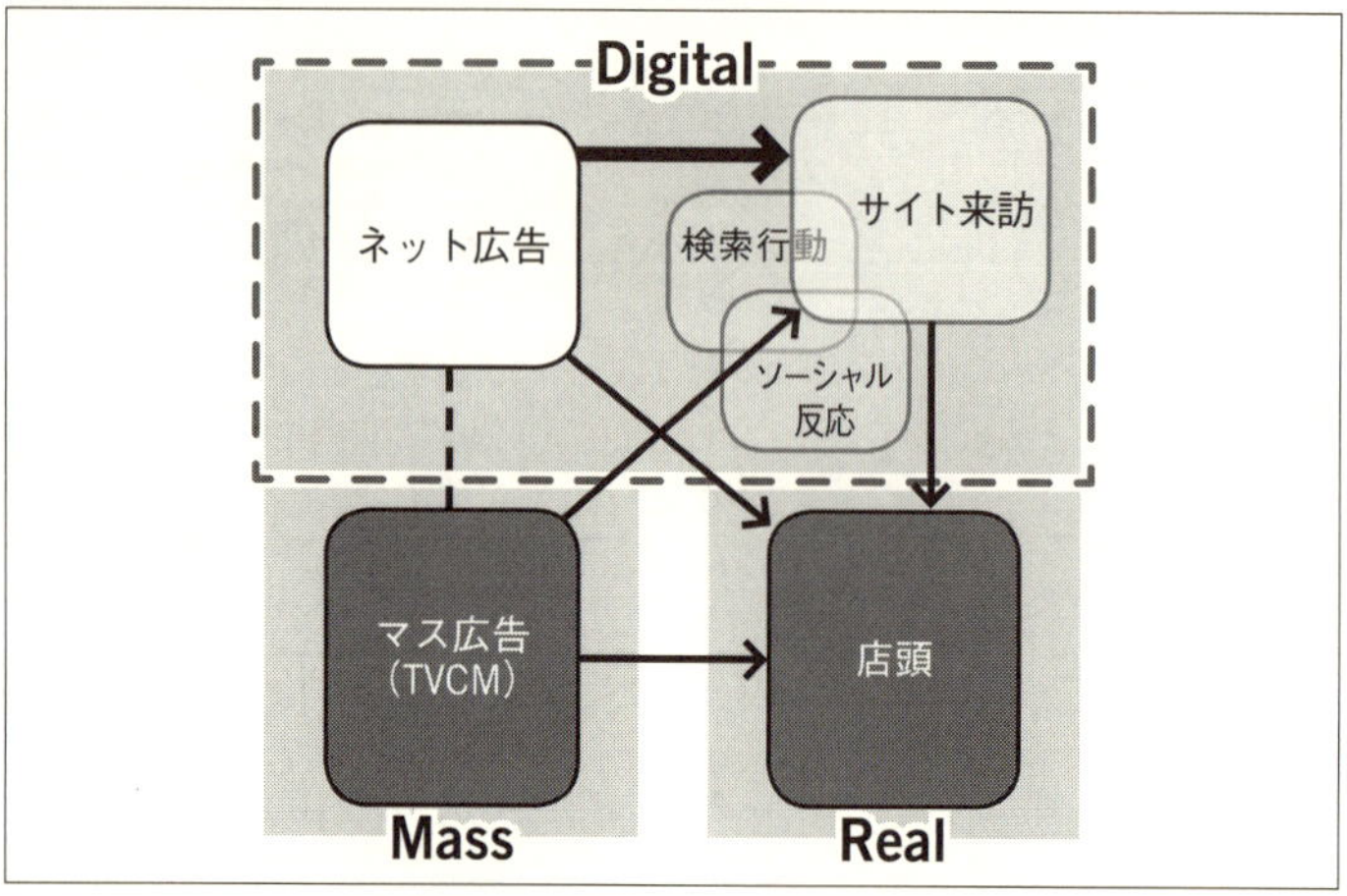

図 4：マスによるネットへの反応を補足する（②）

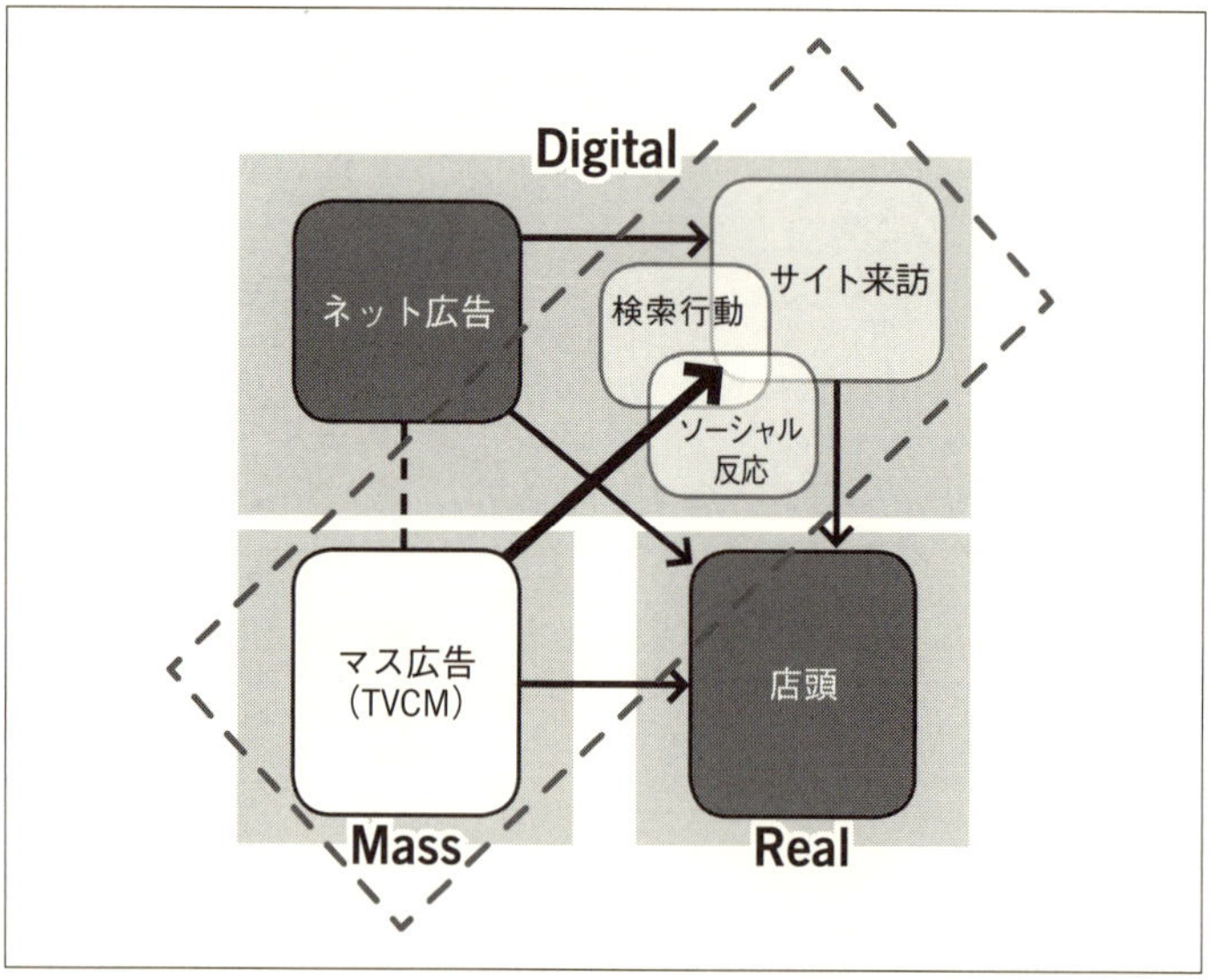

図５：テレビとネット広告の最適配分モデル（③）

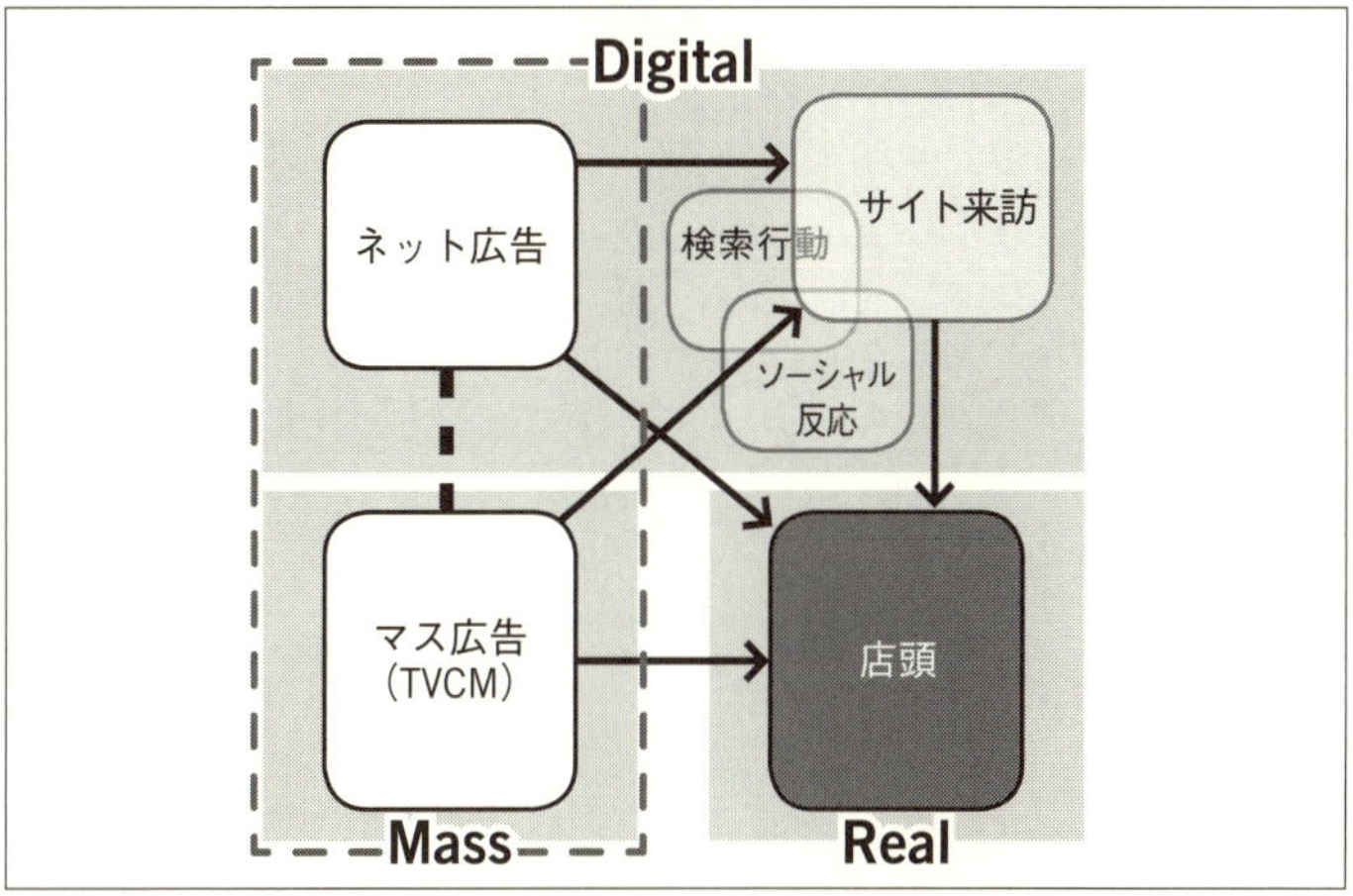

図６：オンライン・ツー・オフライン&オフライン・ツー・オンライン（④）

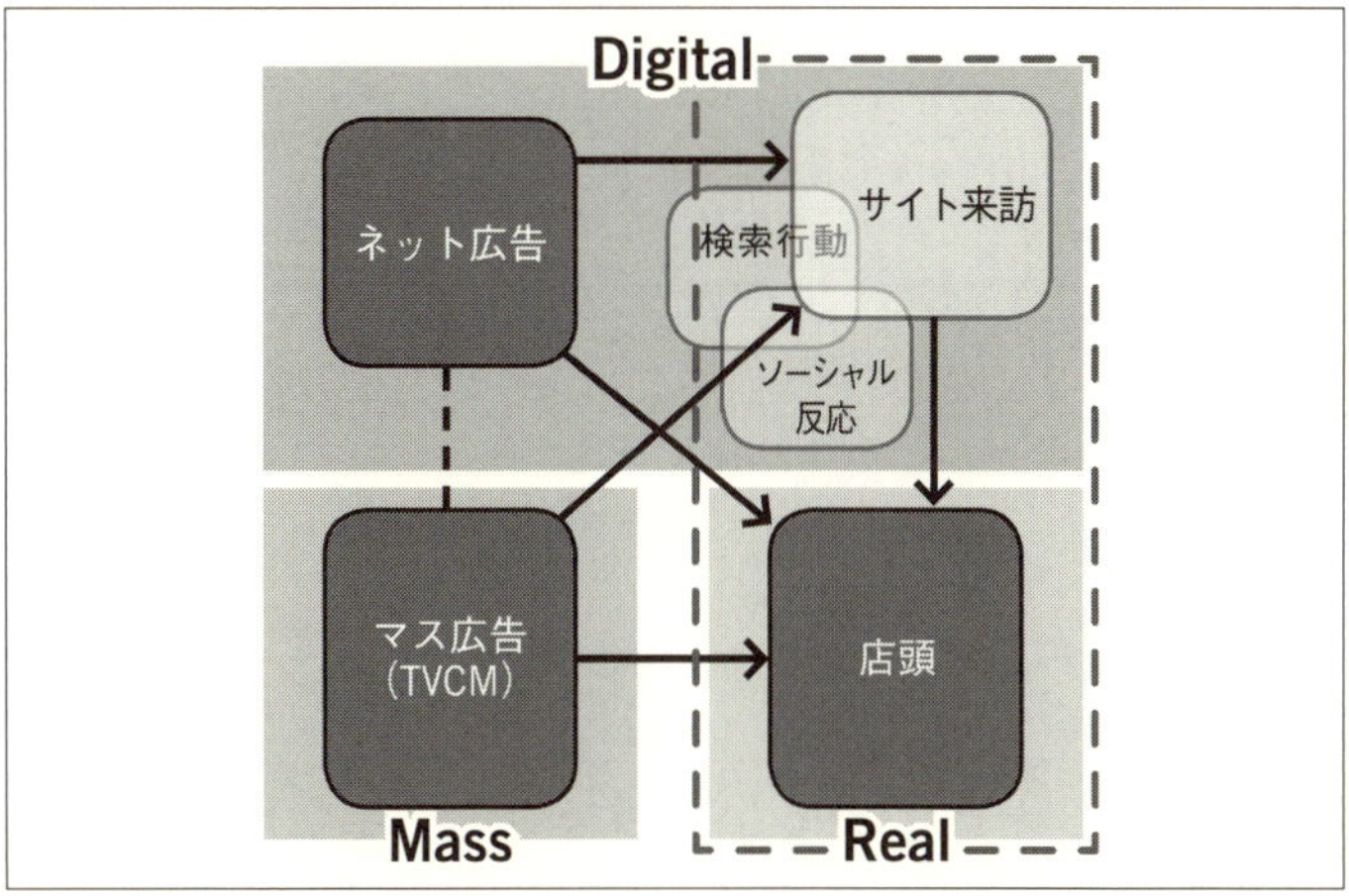

第3章

データマーケティング時代の広告主

広告主内にマーケターが育たない環境

日本の広告代理店は広告主の競合でも担当営業部門を変えることで得意先にしてしまう。欧米のアカウントエグゼクティブ制度（AE制度）との大きな違いだ。もともと新聞の広告枠販売という「メディアの代理店」から日本の広告代理店のビジネスは生まれたので、結果的にこうした日本独特のスタイルを生んだ。電通、博報堂には突出した企画力とメディア買い付け能力があるため、広告主の選択肢が少ないという背景もあり日本では馴染まないのだ。

もっとも、日本の広告主にとってもアカウントエグゼクティブ制度ではないことのメリットも多い。常に複数の広告代理店を競合させて、企画や広告枠の提案を要求できるからだ。企業側にブランドマネージャー制（ブランドごとに業績の責任を負うマネージャーを配置した組織形態）が根付くと、ブランドごとの広告代理店制を敷き、頻繁に競合プレゼンを行って、最も優れた企画を提案をしてきた広告代理店を選ぶという「選び放題」の仕組みが定着している。

これはこれで広告主にとって非常によい環境だと思う。しかし、広告主側に優れたマーケターが育たない要因になっていることも否めない。広告代理店側も取引チャンスが常にあると考え、手を替え品を替えて広告主へアプローチし「何でもお手伝いする」という、上げ膳据え膳の環境だ。広告主は広告代理店への「お任せ体質」が染みついてしまった。

広告代理店にとってはそれでもよい。しかし、広告主内にマーケターの育成環境がないことは、極めて危機的な状況だと言える。

ジョブローテーションを重視する日本企業

日本企業は基本的にジェネラリストを育成する目的で、ジョブローテーションを繰り返し出世するような仕組みになっている。マーケティングが経営の根幹となった今日でも、マーケティングの専門家では社長になれない。一方欧米ではマーケティングの専門家がマーケティングのトップとなり社長にもなれる。この違いは大きい。日本ではいまでも「マーケティング部門＝広告販促部門」である企業がほとんどだ。しかし広告枠を広告代理店から買うことで成立していたマーケティング活動が、マーケティング全体の活動の一部に過ぎない時代になった。

企業のマーケティング活動において利用するメディアはペイドメディア、オウンドメディア、アーンドメディアへと広がり、目標を達成するためには顧客へのサービス開発も視野に入れる必要がでてきた。これに対応するには、広告代理店に依頼するだけでは無理がある。広告主自身が知見を溜め、采配をふるえる専門家を育成しないといけない海外企業の中では、社内にマーケティングラボを作る動きが活発だ。

これから広告主が自社内でやらなければならないことがいくつかある。コンサルティング企業に支援を依頼する手もあるが、外部に任せるのではなく広告主が自分で行わなければいけないことだ。それは簡単に説明すると次のようなことだ。ポイントは広告代理店に任せることと、自社でやるべきことを明確にわけることにある。

●広告キャンペーンの評価は自社で行う（第三者配信サーバーの導入運用・分析、投資対効果の分析と予算配分のプランニングは、外部のコンサルティング企業を活用する）。

●運用型広告はブランド横断での管理を基本とし自社内運用（メディアからの直接購入、コンサルティングと運用は外注）もしくは自社専属の広告代理店（ハウスエージェンシー）に担わせる。

●データマネジメントプラットフォーム（ＤＭＰ）は、企業が自らテクノロジー会社と直接契約し自社内で運用する。

数千万円で数億、数十億円の投資対効果を狙え

広告主が自らやるべきことの一つが、広告の効果測定である。もっと言えばマス広告を含む投資対効果の可視化だ。施策の提案、実施を広告代理店に任せるのであれば、少なくともその評価は外部のコンサルティング企業を入れよう。評価を施策の実施当事者である広告代理店に任せることは、サッカーで例えるならプレイヤーに笛を吹かせるようなものだ。

広告の投資対効果を測定する試みは、広告接触から購買行動までをシングルソースで追跡するやり方と、広告などの説明変数と購買データなどの目的変数の間での重回帰分析を行ってモデル化し、予算配分を最適化するやり方がある。広告投資に何百億円単位の予算を費やす広告主であれば、広告パフォーマンスの改善効果が何億、何十億にもなる可能性がある。そのために数千万投資することは道理に合うだろう。

投資対効果を測定し、予算配分や広告ごとの貢献度の可視化を広告主が自社で主体的に行うためには、まず第三者配信サーバーを直接契約しデータを自社で分析する環境が必要だ。広告の買い付け（特に枠もの）は広告代理店へ発注し掲載管理を依頼するが、第三者配信サーバーからのレポートは自社管理する。

メディアごとに広告代理店を通じて広告枠を買い付け、メディアが契約している広告配信サーバーで広告を配信した結果のレポートを受け取っても、コンバージョンのダブルカウント、トリプルカウントが発生し正確な評価ができない。

メディアごとの広告貢献度評価を行い、ディスプレイ広告や検索連動型広告なども含めて予算配分の最適化を図るためには、買い付けを広告代理店任せにしないで、自社管理する必要がある。

さらにマス広告を含め、広告投資全体の投資対効果の最適化モデルも自社内で構築したい。技術的にはテレビ広告とネット広告の予算配分モデルを作ることも可能な時代となっている。実際さまざまな企業がこの手のサービスの提供をはじめている。これらを広告主が自分で直接使うことが大切だ。

欧米企業が「自前」でやる理由

もし自社専属の広告代理店（ハウスエージェンシー）があるのなら、運用型広告の運用、管理はそこに任せた方がよい。逆にハウスエージェンシーなのに、それができないと存在意義を問われる。

欧米企業が広告の入札・運用を自社内で行う理由は、データマネジメントプラットフォームと連携しているからである。大企業でプライベート型のデータマネジメントプラットフォームを活用するのなら、広告反応データもデータマネジメントプラットフォームと連携させたいため、プライベート型の広告配信プラッ

図１：アカウント・エグゼクティブ制とブランド横断施策のイメージ

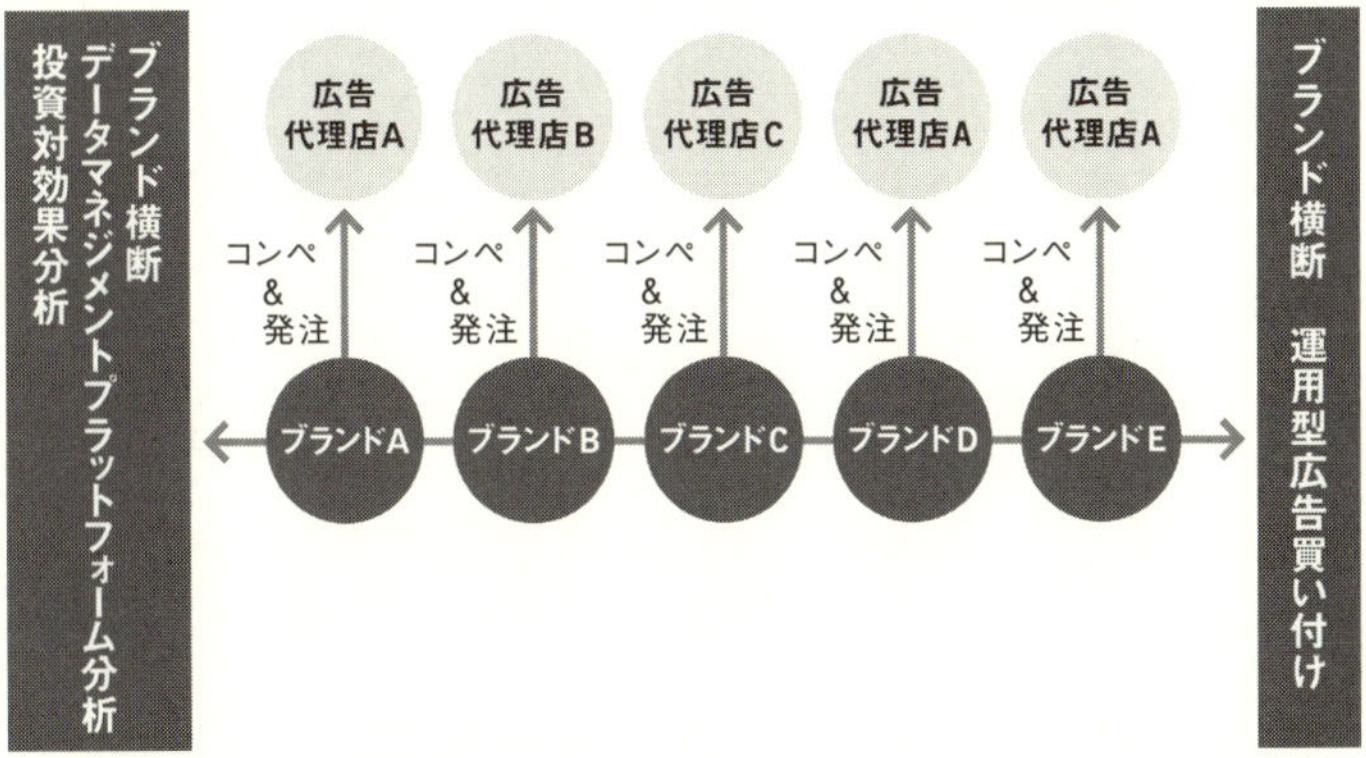

ブランドマネージャー制の定着以降、広告主も広告代理店にアカウント・エグゼクティブ制をしくケースが非常に多くなった。しかし運用型広告の配信・運用においては、ブランド横断で行うことが望ましい。ブランドごとの対応だと自社内で同じキーワードを買ってしまうなど運用、コスト面で非効率になるケースが想定される。

トフォームでの運用が必要となる。広告配信先はプライベート型の掲載面ネットワークを作ってブランドを毀損しないメディアへの配信を試みる。

こうした広告配信はブランド横断で運用・管理されることでコスト削減や効率化につながる。よってブランドごとの提案で広告代理店を競争させつつ、横断的な施策は自社ないし自社専属の広告代理店によって管理するのが適当である。データマネジメントプラットフォームの活用は、広告代理店に任せてしまうような代物ではないのだ。

本当の「投資対効果」を可視化

「ブランド」と呼ばれる広告主の多くは、リアル店舗が主力チャネルである。そのためネット上にリアル店舗での商品購買と相関する指標を定義し、測定できるようにしたい。リアルタイムで簡単に測れる中間指標があれば、常に施策を最適化できるわけだ。

結局末長く継続して購買されることがビジネスゴールになるので、広告を含むマーケティング投資は、「購買」という目的変数に対して最適化されなければならない。特に広告の予算配分に関しては、投資対効果を分析してモデル化すべきだろう。今後ブランドコミュニケーションがメインの広告主も、ネット広告への投資を増やすことが予想されている。

その理由は、まずネット広告（特に動画広告）で得られる認知効果や態度変容効果が、リアル販売チャネルにおいて消費者の購買行動を促進すると検証できるようになるからだ。つまりテレビ広告や他のマス広告と同じ指標でネット広告を測ることになり、これによって、マス広告とネット広告の予算配分も科学的な根拠をもとに検証できるようになる。

実際に数種類の広告フォーマット、クリエイティブで広告接触者、非接触者へのアンケート調査を実施してみると、クリック率が高いフォーマット、クリエイティブでも広告認知、ブランド認知においては低かったり、クリック率が低くても認知効果は高かったりする結果がでている。クリックと認知は相関しないことが多いのだ。

これらは、広告主自身が自社商品でこうした調査をしてみるべきだ。ウェブへの誘導効果だけでネット広告を評価するのであれば、コンバージョンへつながったクリック、インプレッションを図ることもよいだろう。

しかしクリック率は一般的に1％にも満たない。1％の改善をせっせと試みても効果はたかがしれている。クリックをしていない残りの99％にどんな効果を生んでいるのかをしっかり見極める方が得るものが大きいはずだ。ネット広告をフォーマットやクリエイティブという切り口から認知効果で評価し、活用することはマス広告全体の最適化につながるのである。

オフラインからオンラインへ

デジタル領域で取得できるオーディエンスデータをベースに、テレビなどのマス広告への接触や効果も測ることになる。

オーディエンスデータにはマス広告の接触者、リアル店舗での購買関連行動などをすべて紐付けていく。オンライン・ツー・オフラインという言葉を耳にするようになって久しい。この動きは一般的には「オンラインからオフラインへ」という文脈で解釈されるケースが多いが、実はデータ化できていない多くの来店客をデータ化するための「オフラインからオンラインへ」という意味が大きい。

リアル販売チャネルが主流の商品の投資対効果を測定し、マーケティング活動の最適化を図るには、シングルソースパネル（図2）や重回帰分析などによる分析を通じて、販売量などの目的変数と相関する指標を発見し、重要指標としてリアルタイムに把握することである。これができれば施策の状況を随時チェックしつつ、反応が悪ければ調整するなどの対策をとり進めることができる。

マス広告の利用が頻繁な広告主がネット広告を活用する場合、クリック単価や顧客獲得単価だけでは最終的な広告効果を判断できない。サイトへの誘引へつながったクリック、インプレッションの効果とインプレッションによる認知効果、態度変容効果を足し上げて評価すべきである。

究極の目標は、誘導や認知が購買行動にどれだけ結びつくのかを可視化することである。認知といってもテレビで獲得できる認知とビデオ広告で獲得できる認知は購買行動に紐付けると同じ効果ではないのかもしれない。

これからはウェブサイトやネット広告も「目に見えやすい」インプレッションやクリックを検証するだけでなく、複合的な調査を掛けあわせた視点での評価が必要となるだろう。こうした効果指標を従来のマス広告と同一にすることがマスとデジタルを統合的に全体最適化する試みにつながるのである。

図2：シングルソースパネルのイメージ

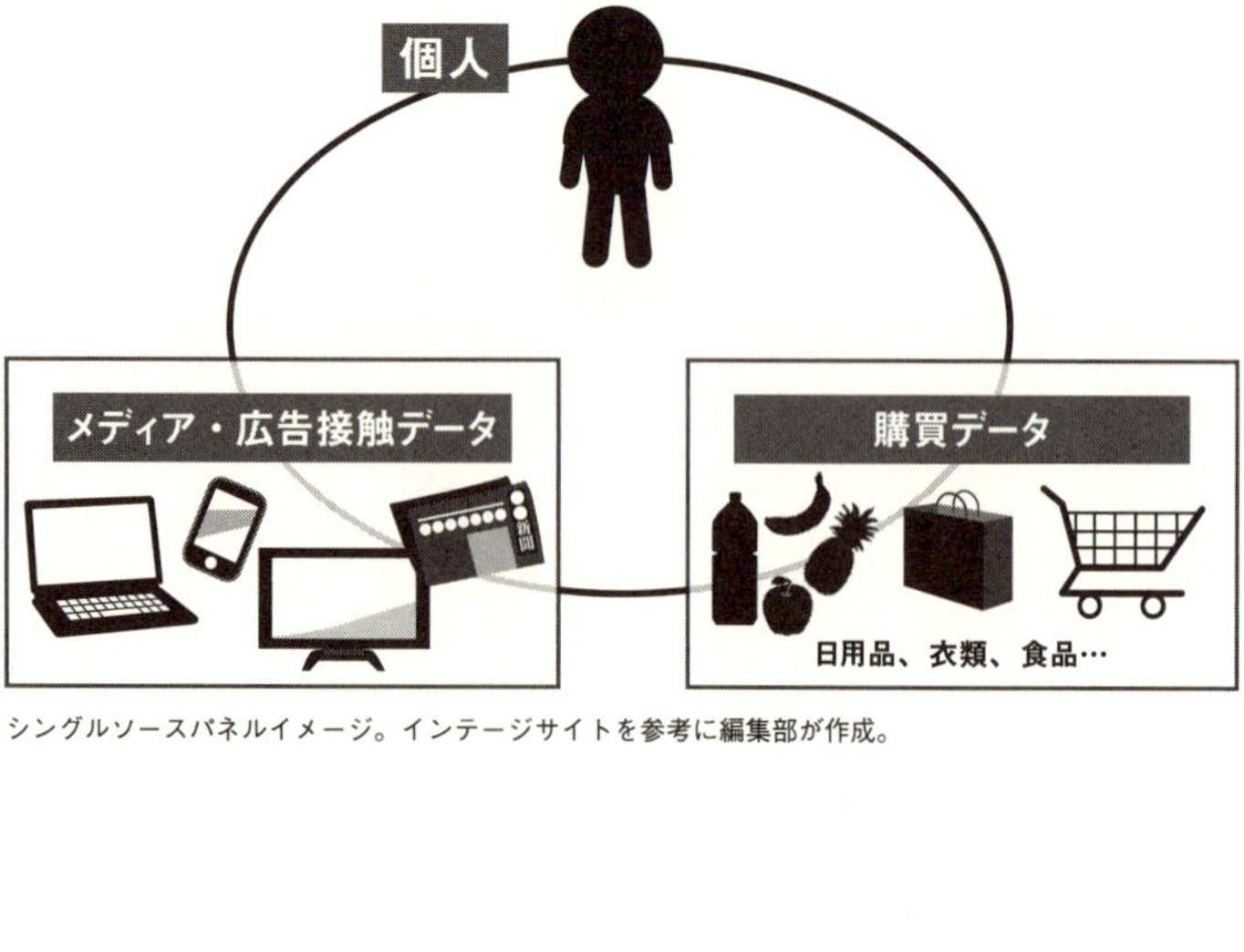

シングルソースパネルイメージ。インテージサイトを参考に編集部が作成。

超大手広告主ユニリーバの意識変化

２０１３年末に広告、マーケティング関係者にとってインパクトの大きなニュースが流れた。ユニリーバがマーケティング部門の人員を８００人削減し、同時に広告代理店へのコストや扱い品目を絞るという内容だ。メーカーのコストカット発表はよく耳にする話だが、デジタル化、グローバル化に連動したこの発表は広告業界に大きなインパクトを残した[1]。

ユニリーバは、ロッテルダムとロンドンに上場しており、同じくヨーロッパが起源のＷＰＰの大得意先である。その売上規模はフォード・モーターに次ぐ2位、ＷＰＰ内に戦慄が走ったことは容易に想像できる。ユニリーバは成長率でライバルのＰ＆Ｇに勝っていたが、２０１３年にＰ＆Ｇは一度は引退したラフリー氏に社長再登板を任命。この起死回生策の結果、ユニリーバは久しぶりに成長率でＰ＆Ｇに敗北した。これをきっかけとしてユニリーバは奮起。同年12月の投資家向け説明会では成長戦略ではなく「デジタルの活用を推進し既存コストをどんどん削減していく」ことを発表した。

「活動していないメディア費（ノンワーキングメディア）」と称して、徹底的に広告代理店への支払いを削減する計画を発表。グローバル予算全体で４７０億円を削減達成予定だ。米国の大手広告代理店がすっぽり1社消える金額である。

また投資家向け発表では「広告予算におけるデジタル予算の比率を高める」と明言。これまで投資家向けの説明で、ここまで具体的なマーケティング方針が語られる例は少なかった。最高マーケティング責任者（ＣＭＯ）、最高技術責任者（ＣＴＯ）レベルの発表事項が最高経営責任者（ＣＥＯ）の発表事項へ近づいているのかという表れの一つだろう。

２０１１年に12％だったデジタル予算を２０１３年には15％にまで引き上げ（図3）、コストの効率化を狙う。他にも自社製品の扱い品目数を見直し、儲けの少ないブランドは売却し、ニーズの高そうな商品は外部から買収してポートフォリオに組み込む予定だ。

「直撃弾」を受けたＷＰＰのマーティン・ソレル社長はこの発表の4日後に「Clients are exceptionally cautious.（広告主はコストについての警戒心が劇的に高まっている）」と『ニューヨーク・タイムズ』で話している。記事の中では「Wage hand-to-hand combat（賃金削減のガチンコ争い）」という表現も飛び出していた。[2]

図３：デジタル予算の引き上げは継続

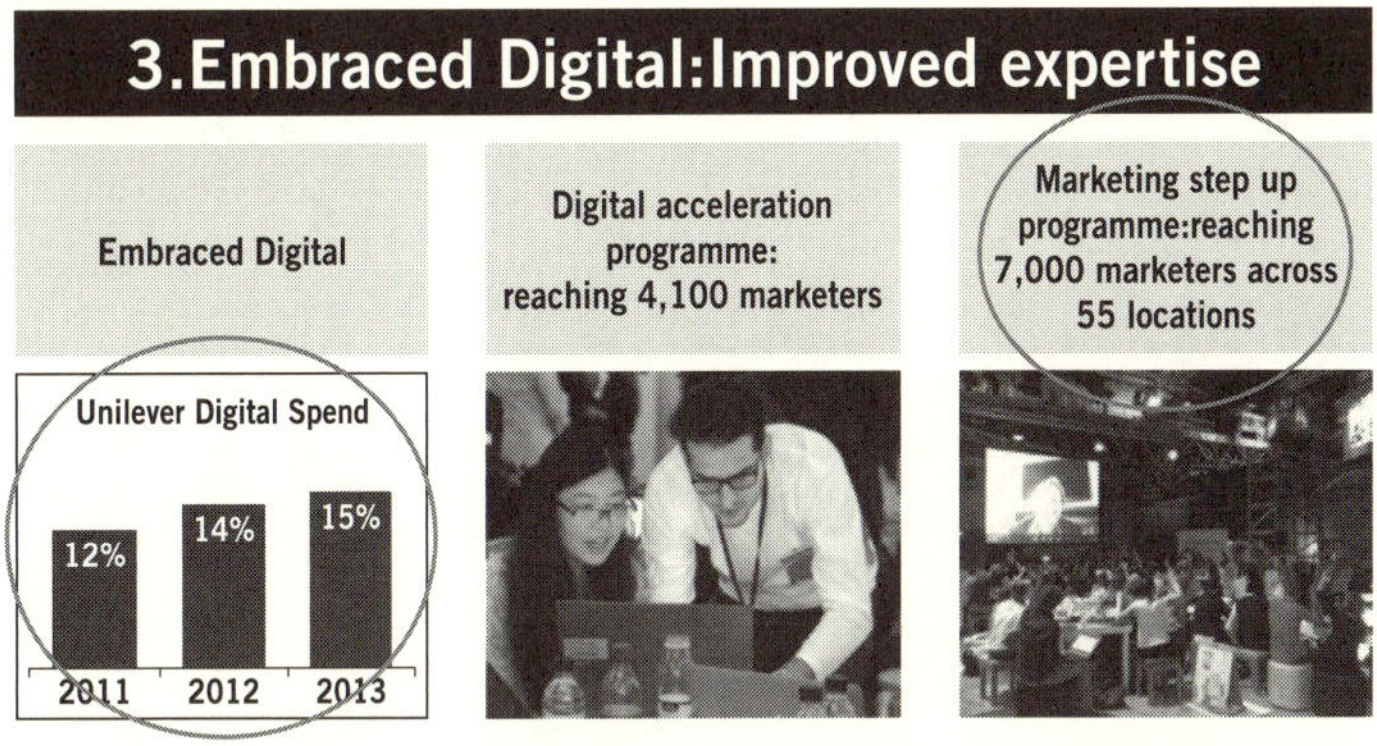

ユニリーバの中のマーケティング担当者のポジション＝7000名、55拠点を一括統括できるようなデジタル・プラットフォームを構築する。そのために、デジタル予算の比率を12%から15%に引き上げた（出典：ユニリーバ「Taking Marketing to the Next Level」2013年12月 http://www.unilever.com/images/ir_Taking-marketing-to-the-next-level_Keith-Weed_tcm13-378844.pdf）。

図４：広告代理店へのコストは削減

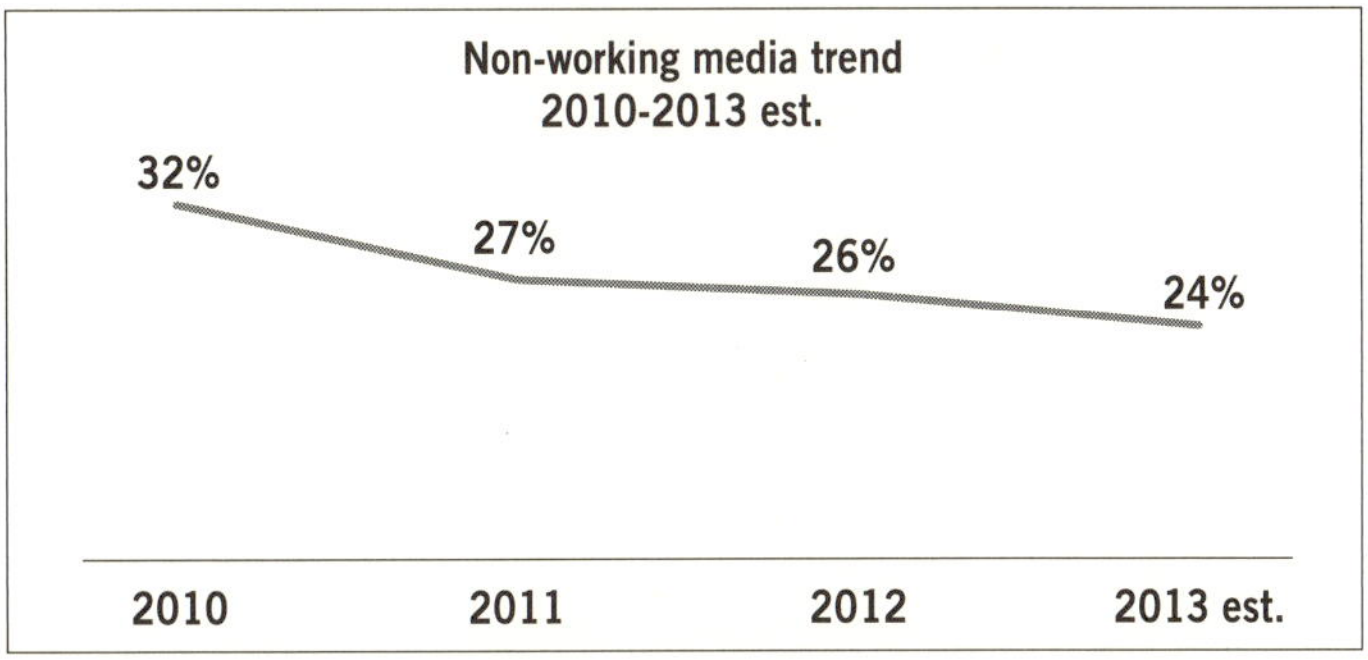

プロダクションへの支払いコストも含めた広告代理店へ支払うコスト「ノンワーキングメディア」は2012年に9100億円予算の26%＝2400億円ほどにまで絞れた（2010年は8200億円予算の32%＝2600億円ほどあった）。クリエイティブを含む広告代理店のコストが「ノンワーキング」コストと言われるのもシビアだ（出典：ユニリーバ「Taking Marketing to the Next Level」2013年12月 http://www.unilever.com/images/ir_Taking-marketing-to-the-next-level_Keith-Weed_tcm13-378844.pdf）。

このユニリーバの発表資料は日本の広告主にとって参考になる資料なので、ダウンロードをおすすめする。是非ご自分の目で確かめてもらいたい。[3]

図5：ユニリーバのマーケティング予算配分の傾向

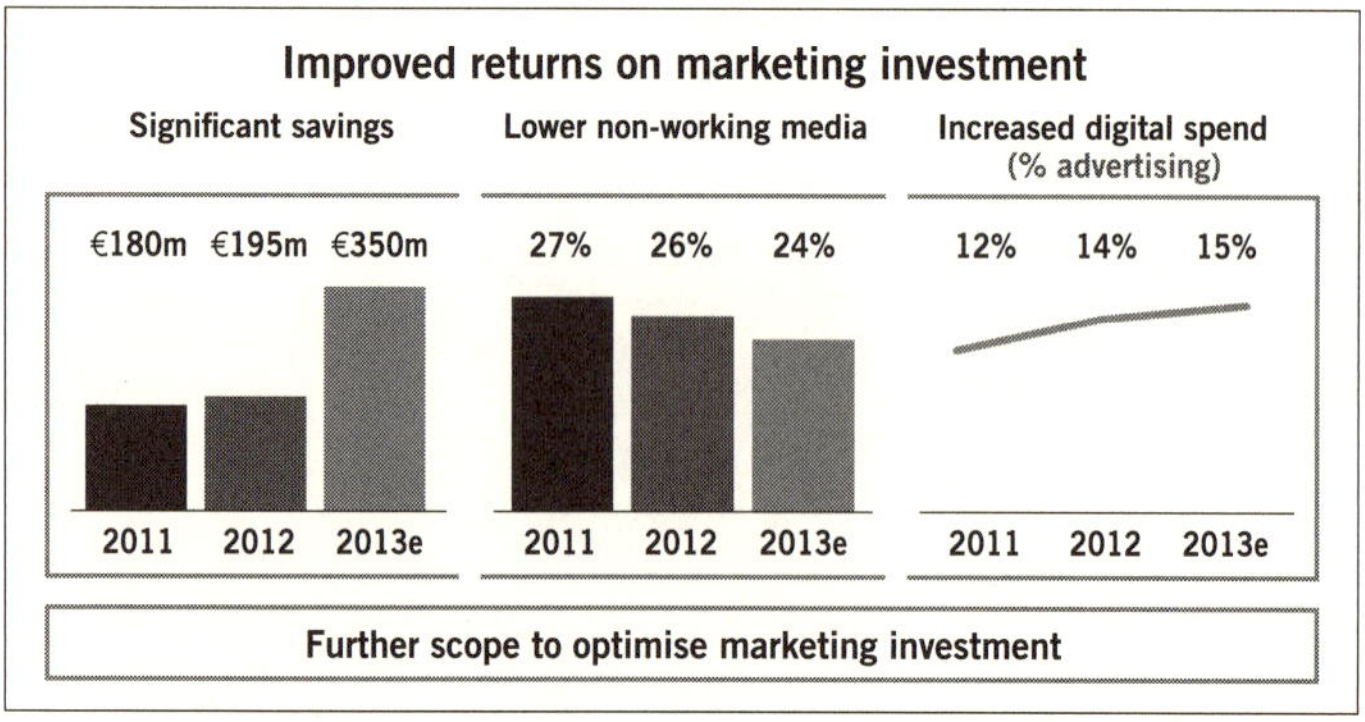

マーケティング予算の配分が記されているノンワーキングメディアのコスト比率縮小（中）／デジタル予算比率の拡大（右）／それによるコスト削減（左）（出典：ユニリーバ「The Next Level of Financial Performance」2013年12月 http://unilever.com/images/ir_The-Next-Level-of-Financial-Performance-Jean-MarcHuet_tcm13-378843.pdf）。

新興国市場へ直接進出したい

ユニリーバとＷＰＰの動きからは、広告主と広告代理店の新たな関係性が推測できる。ユニリーバはグローバルでの成長路線において、成長率の高い新興国市場の「直接進出」を目指すと発表している。これまでの組織体制では「地域統括」がハブとなりハブから各地区へつながる体制であった。このハブをなくし中央からダイレクトに各国マーケットを把握する管理法の実施をはじめた。

なるほど、共通プラットフォームで各国でのオーディエンス管理、オペレーション管理ができる体制の構築をユニリーバが目指していたから、ＷＰＰの子会社であり、広告枠やオーディエンスデータを広告主へ提供する技術・サービスを有するザクシスは、至急グローバルでの対応が迫られていたわけだ。

ライバルであるＰ＆Ｇは同じくアドテクノロジー企業のメディアマスなどのプラットフォームサービスの導入実験を繰り返していた。Ｐ＆Ｇの取引先広告代理店がピュブリシス、もしくはオムニコムに偏っていたあたりが、ピュブリシス・オムニコム・

グループ誕生の背景となるのだろう。

前述したようにユニリーバは「ノンワーキングメディア」を全マーケティング予算の32％（2010年）から26％（2012年）そして24％（2013年）まで引き下げると発表している。2012年のユニリーバの全体マーケティング予算は9100億円なので、2012年の26％で換算すると2400億円ほどが「広告代理店への支払いコスト」となる。1％減の重みが伝わってくるだろう。デジタル化による「ハブ抜き」プラットフォームで「ノンワーキングメディア」を削減する傾向は、グローバル広告主の間でますます加速していく。

第4章

塗り替わる業界地図

待ったなし！　加速する業界再編事情

ニューヨークで毎年9月半ばに開催される「アドバタイジングウィーク（Advertising Week）」というイベントをご存じの方は多いと思う。世界中の広告代理店、広告主、メディア、アドテクノロジー企業が集まる広告業界の一大イベントだ。開催期間は1週間、カンヌライオンズ 国際クリエイティビティ・フェスティバルに匹敵する規模で、日本からの出張者も大勢参加する。２０１３年9月は10周年という一つの区切りのタイミングだった。

10年前の２００４年と言えばスーパーボウルハーフタイムショーでのジャネット・ジャクソン右胸露出事件があり録画再生ＧＲＰが考慮される年だった[1]。日本ではアテネオリンピックの北島選手の金メダルに沸いていた時だ。ネット業界に目を向ければグーグルがGmailのサービス提供を開始し、ハーバード大学の学生限定でフェイスブックがサービスを開始した年だ。その頃はアイフォン、アンドロイド、ツイッター、ユーチューブ、ネットフリックス、クラウド、タブレット、ウィキペディアなどはまだ存在していない状況で「テレビ」や「雑誌」がメディアの中心に君臨していた。

２０１３年のアドバタイジングウィークの参加企業を眺めてみると10年前には存在していなかった企業が半数以上を占めている。リーマンショック以降広告、マーケティング業界ではテクノロジーの普及、活用が進んでいるのはみなさんご存じの通り。この流れは近年加速し、一歩先を進む欧米では「広告業界の再編」と「グローバル化」のスピード感がさらに増している印象だ。

図１：アドバタイジングウィーク10周年時のオフィシャルガイドブックカバー

10周年を迎えたアドバタイジングウィークのオフィシャルガイドブック。260ページの参加企業の広告が並ぶ、まるで図鑑だ（出典：アドバタイジングウィーク http://www.advertisingweek.com/guide/2013/）。

広告代理店、メディア、アドテクの激しい攻防

広告代理店は、従来型（トラディショナル）と新興（デジタル）に二極化の傾向にある。広告主はオーディエンスデータの保有とデジタル領域への投資を進めており、従来型の広告代理店を中抜きする動きが加速している。この動きは広告主のグローバルでのマーケティングの一括管理、効率化という動きが起因している。その余波を受け広告代理店へのコストはさらに削減されていく。第3章で紹介したユニリーバの動きが典型例だ。

この動きに対する対策として、従来型の広告代理店側はアドテクノロジー企業を吸収、合併、また投資などを行い彼らが持つ広告配信結果データの取得を急いだ。さらにメディア側へアプローチしプレミアムな広告掲載枠の買い占めにも走った。

吸収、合併の流れは電通のイージス買収にとどまらず、ついに世界広告業界2位のオムニコムと同3位ピュブリシスの巨大合併を生み、業界1位に君臨していたWPPを追い抜く事態を生んだ。[2] データ取得合戦における次のライバルはグーグル、フェイスブックやコンサルティング企業となる。

一方、メディア側の状況は自社の広告在庫（インベントリー）をいかに収益化する

かで頭を悩ませている。アドテクノロジー企業や広告代理店は、旧来の「手売り」に加え「自動売買」への広告枠の解放を求める。特にアドテクノロジー企業は、サプライサイドプラットフォーム（SSP）というメディアの収益化を支援する「錬金術」を提案し広告枠の提供を迫っている。

アドテクノロジー企業は広告代理店との取引を飛び越え、広告主側との「直接取引」を伸ばし、ベンチャーキャピタルの要望を満たす売上成長を追いかけ続ける。

そして欧米発のアドテクノロジー企業は容易に国境を越えグローバルでの売上成長を見込む。利益ベースで見ると実は赤字の企業も多い。だからこそ売上伸長による企業価値増大を目指し売却によるリターンを見込むわけだ。リンクトイン、フェイスブック、ツイッターなどは上場の道を選んだが、買収されるケースも多い。アドテクノロジー業界の競争はすさまじい。この新陳代謝がこれまでの広告業界まで波及し、いままさに業界地図を塗り替える勢力となりつつある。

本章では米国の最先端の潮流に触れつつ、広告業界がこれからどこへ向かうのかを考察していきたい。最先端の熱気をお伝えすることで、日本での「次」を考える一助になれば幸いだ。

世界第2位と3位が世紀の合併

電通のイージス買収ニュースが一気に霞んでしまう2013年の「超大型」合併のニュースがオムニコムとピュブリシスの合併劇だ。日本ではいまだに「対岸の火事」という程度の理解がもどかしい。日本企業に置き換えれば「電通と博報堂の合併」「読売と朝日の合併」に近いビッグニュースと言えばインパクトの大きさが伝わるだろうか。この合併により米ネットワークテレビの広告取扱高の7割をピュブリシス・オムニコム・グループが扱うことになる。それぞれの主な傘下企業は次のとおりだ。

ピュブリシス傘下
Leo Burnett、Saatch & Saatchi、DigitasLBi（デジタル）、Razorfish（デジタル）、Starcom MediaVest（メディア）、ZenithOptimedia（メディア）、MSL（PR）

オムニコム傘下
DDB、BBDO、TBWA、FleishmanHillard（PR）、Ketchum（PR）、OMD（メディア）、PHD（メディア）

大変革の本質を自分の言葉で語れる「爺さん」たち

「ピュブリシス・オムニコム・グループ誕生の余波がどこに来るか」について筆者なりの視点で噛み砕いてみよう。このピュブリシス・オムニコム・グループ合併すらデジタル化、グローバル化の余波から発生した二次現象であり、彼らの判断プロセスは非常に参考になり、かつ刺激的でもある。

オムニコムの社長は62歳、ピュブリシスの社長は72歳だ。グローバルのホールディング会社とはいえ、テクノロジー系のスタートアップ企業の経営者から見れば立派な「年長組（爺さん）」だ。余談だがＷＰＰのマーティン・ソレル社長も69歳。このパワフルな年長組には恐れ入る。

それでも**彼らはデジタル化、グローバル化のトレンドを嗅ぎつけ、その本質をしっかりと自分の言葉で語れる。**先を見据え学び、さらに行動もできる人物であることが一連の吸収合併劇から垣間見える。日本の広告代理店経営者にデジタル化、グローバル化の本質を語れ変革の意味を理解し行動できる人物が何名いるだろうか。

「割高過ぎ」発言で噂は終了

業界では「次の買収はどこだ？」という噂が飛び交い、業界1位の座を奪われたWPPが業界4位のインターパブリックグループを買収して巻き返しか、などの「憶測」が駆けまわった。おかげでインターパブリックグループとWPPの株価は一時的な値上がりを見せたが、マーティン・ソレル氏の「インターパブリックグループの株価は割高過ぎる」という発言でようやく落ち着きを見せた。買収、合併の話になるとどの業界でも「買収プレミアムの妥当性（ピュブリシス・オムニコム・グループは対等合併のため買収プレミアムはなし）」のような数字の話から「シナジーは生みだせるのか？企業文化は合うのか？」という合併後の運用部分までが話題となる。ここまで大きな合併劇となると業界関係者の中で一番ホットな話題は「コカ・コーラとペプシコーラを同時に取引できるのか」という一業種一社、競合アカウント排除ネタだ。実際、オムニコムとピュブリシスは各業種のトップ企業と取引をしている。例を挙げてみよう。

飲　料：ペプシコーラ（オムニコム／TBWACHIATDAY）とコカ・コーラ（ピュブリシス／Leo Burnett）
自動車：Nissan、Volkswagen、Mercedes-Benz（オムニコム）、General Motors、Toyota（ピュブリシス）
テレコム：AT&T（オムニコム）、Verizon Wireless（ピュブリシス）

こういった事態に対して同業他社の牽制意見は多いが、実際に大手広告主が移動する「事件」には発展していない。

規模拡大は何を意味するのか

「規模が一番になればスーパーボウルやグラミー賞の交渉の座を一番にもらう」。これからの展開についてオムニコムのジョン・レン社長は何とも古風な例えで答えている。今回の合併においてアナウンス後30か月間はレン氏とピュブリシス社長のモーリス・レビー氏が共同経営者となり、その後レン氏が社長を引き継ぐ契約になっている。

WPPが「グループM」を結成して傘下のメディア・プランニング／バイイング会社を束ねたように、あるいは博報堂、大広、読売広告社のメディア部門が集まって博報堂ＤＹメディアパートナーズが設立されたように、ピュブリシス・オムニコム・グループも今後傘下のメディア・プランニング／バイイング会社であるゼニスオプティメディア、スターコム・メディアベスト（ピュブリシス）と、ＯＭＤ、ＰＨＤ（オムニコム）を一つに束ねてバイイングパワーを「増強」する動きも想定内だ。この「規模拡大」が何を意味するのか、どの程度の事態なのか紹介してみよう。

※本書は仏ピュブリシスグループ、米オムニコムグループの合併を前提として執筆しております。２０１４年５月８日に発表となった合併解消のニュースについての見解は「米オムニコムと仏ピュブリシス、合併解消からの示唆／『広告ビジネス次の10年』発売直前アップデート」（マーケジン http://markezine.jp/article/detail/19935）で述べておりますので併せてご確認ください。

「デジタル区切り」がランキングの見方を変える

図2は、『アドバタイジングエイジ』が2012年に発表したデータをもとにした世界の広告会社ランキングだ。

この数字合算までは各種報道で周知のこと。博報堂DYの売上総利益の約10倍の企業の誕生だ。これまでの「見方」をすればこのランキングは確かに3位＋2位＝1位の逆転劇に見えるだろう。

しかし合併の根本的な理由の一つ「デジタルメディア&コンテンツ」の取扱高で見るとまったく別のランキングが見えてくる。グーグルやフェイスブック、ヤ

図2：広告会社売上高総利益ランキング（全世界）

	会社名	売上総利益(全世界)
	ピュブリシス・オムニコム・グループ	2兆2700億円
1	WPP	1兆6500億円
2	オムニコム	1兆4200億円
3	ピュブリシス	8500億円
4	インターパブリックグループ	7000億円
5	電通(イージス)※	6400億円
6	Havas	2300億円
7	博報堂DY※	2200億円
8	Alliance Data Systems Corp.'s Epsilon※	1200億円
9	MDC Partners	1100億円
10	Experian Marketing Services	900億円

Advertising Age DataCenter「World's 50 Largest Agency Companies」2012 http://adage.com/datacenter をもとに作成（※印は買収企業との合算推定。1ドル＝100円で換算。以降の図も同様）。

フーなどプラットフォームサービスを提供する企業も立派なデジタル・マーケティングサービスの提供企業であり、またテレコム企業やアップルまで含めた結果が図３だ。広告はメディアの周辺ビジネスとして位置付けられる。

図３からデジタル化に後れを取っていたオムニコムと、デジタル化には積極的だったが規模が小さかったピュブリシスの合併は、当初からデジタルへの完全シフトを掲げていた広告業界世界1位のＷＰＰに肩を並べた程度ということがわかる。ランキング上位に位置するグーグル、チャイナ・モバイル、ブルームバーグなどにはまったく及ばない。

ピュブリシス・オムニコム・グループの従業員は合計すると約13万人の規模となり、フェイスブックの約6千人（２０１３年末時点）、グーグルの約4万7千人（２０１３年末時点）と比べるとビジネスモデルに違いがあるとはいえ、いかに効率の悪いビジネスをしているのかがわかるだろう。ちなみにＷＰＰは２０１２年末時点では約16万5千人となる。「巨大」「1位」は、あくまで「広告業界内」のモノサシに過ぎないのだ。

図3：世界のデジタルメディア&コンテンツの取扱高ランキング

	企業名	セクター	デジタルメディアでの収益
1	グーグル	サーチ	3兆6400億円
2	チャイナ・モバイル	通信テレコム	7580億円
3	ブルームバーグ	ビジネス情報	7000億円
4	リード・エルゼビア	ビジネス情報	5930億円
5	アップル	多様化デジタル	5400億円
6	ヤフー	多様化デジタル	4990億円
7	WPP	広告	4710億円
8	トムソン・ロイター	ビジネス情報	4710億円
9	テンセント	多様化デジタル	4460億円
10	マイクロソフト	多様化デジタル	3930億円
11	フェイスブック	ソーシャルメディア	3680億円
12	ソニー	多様化デジタル	3380億円
13	ピアソン	ビジネス情報	3140億円
14	電通	広告	2900億円
15	オムニコム	広告	2780億円
16	チャイナ・テレコム	通信テレコム	2650億円
17	百度	サーチ	2300億円
18	ピュブリシス	広告	2190億円
19	ネットフリックス	ビデオ	2010億円
20	ニューズ・コーポレーション	多様化デジタル	1900億円

paidContent「paidContent 50: The world's most successful digital media companies」2012年7月31日
http://paidcontent.org/2012/07/31/pc50/ をもとに作成。

業界再編の流れを作ったリーダーたち

この業界再編の流れを作った人物はどのような人物なのだろうか。

ピュブリシスのデジタル化は早かった。これはモーリス・レビー氏の個性、特徴とも言える。ピュブリシスは電通と資本提携を結んでいた時代もあり、電通社内にもレビー氏を尊敬するファンが残っている。

レビー氏は昔外科医を志したこともあるほどの理系で、ピュブリシスへの入社当時の肩書きは（今で言うところの）「ＩＴディレクター」。磁気データへのバックアップを社内で推奨していた人物であった。パリ本社が火災に見舞われた際、磁気データバックアップのおかげで、1週間で会社を軌道に乗せ、ピュブリシス創業者に認められたという逸話もあるほどだ。[3]

87年に社長に就任して以来、デジタル分野へ積極的に参入し、レイザーフィッシュ（当時換算約３１００億円で買収）をはじめ、ロゼッタ、ＬＢＩ、ロッカンなどの有力なデジタル領域に強い広告代理店を次々と買収していった。強烈なリーダーシップと先見性を持つレビー氏の課題は「年齢」だ。２０１４年に72歳となるが、後見人がグループ内に見当たらなかったことが、今回のオムニコムとの歩み寄りにつながったと推測されている。何より、フランス企業にしてグローバル化を成功させた点だけ見ても素晴らしいリーダーだが、さらに米国ブルーチップ（ブルーチップとは米国の株式市場で取引される優良株式銘柄企業であることを指す）であるオムニコムに、買収プレミアムなしで合併交渉できたという点を見ても、素晴らしい意志とアイデアの持ち主に違いない。

一方オムニコムのジョン・レン氏は、２０１４年で62歳を迎える。アーサー・アンダーセンのコンサルタントから独立事業主、コングロマリット(複合企業)の財務部長を経て、ＤＤＢがニーダムと統合した際に広告業界へ移っている。その後ＢＢＤＯとの統合、ＴＢＷＡの吸収などの後97年に社長へ就任しオムニコムの全盛期を作り上げた。

起業とコンサルタントというバックグラウンドは、広告業界の中では「外様扱い」となるケースも当初はあった。しかし広告代理店各社の特徴、ユニークさを前面に出し、自分はそれらを束ねるホールディング会社のトップとして後ろで支え成長させる手腕は際立つ。[4]

グローバル規模のホールディング会社のトップとしてお互いに違うキャラクターな

がら、いずれも10年以上社長を務めた凄腕たちだ。

デジタル吸収に後れを取るオムニコム

ところがデジタル化の推進はレビー氏に軍配があがった。傘下にある従来型の広告代理店任せというレン氏のディレクションは、オムニコムが徐々にデジタルから後れを取る事態を招いた。

２０１１年の投資家向け発表会に「デジタル」という言葉を発した回数がオムニコム11回、ＷＰＰ44回、ピュブリシス36回と『アドバタイジングエイジ』が数えたこともあるほどだ。[5] トレーディングデスクのアナレクトの設置（２０１０年10月）もピュブリシスのヴィヴァキの設置（２００８年）のかなり後だ。実際デジタル領域に強いと呼ばれる広告代理店の上位を見ても、２０１１年時点ではピュブリシス、ＷＰＰ、インターパブリックグループの系列の会社とＩＢＭインタラクティブなどの独立系で占められていた（図４）。Ｒａｐｐがランクインしているが、従来型広告代理店の「スピンオフ」とされる位置付けで傘下にあるデジタル領域に強い代理店はその程度だった。

デジタル分野に関して、特にテクノロジーについては自然発生的に広告代理店内に事業基盤が生まれるのは難しい。買収などの手段を用いて外部からいかに取り込むかが、いまや定番である。テクノロジー企業やコンサルティング企業が広告代理店を買収して参入してくる例すらでてきている。この潮流の中で、オムニコムはひたすら各事業会社に「自治権」を与え、単体での成長を支援する方策「Build, not buy」を貫いてきた。２０１１年から現在までも従来型の広告代理店がデジタル領域へスピンオフをしつつ、成長を遂げていた。

図4：米国におけるデジタル領域に強い広告代理店ランキング（2011年時点）

AGENCY	HOLDING CO.	U.S. REVENUE (IN MILLIONS)
1. Digitas	Publicis	$502.2
2. SapientNitro	Sapient Corp.	$350
3. OgilvyInteractive	WPP	$340
4. Razorfish	Publicis	$337
5. Wunderman	WPP	$312
6. DraftFCB	Interpublic	$300
7. IBM Interactive	IBM Corp.	$233.6
8. Rosetta	Publicis	$218.4
9. Rapp	Omnicom	$195.8
10. R/GA	Interpublic	$75

（出典：Advertising Age「Why Omnicom Opts Out of Digital Spotlight」2011年9月19日 http://adage.com/article/agency-news/2-ad-company-omnicom-opts-digital-spotlight/229844/）

オムニコムのデジタルスピンオフ。従来型の広告代理店がデジタル領域へ参入した例。
DDB = Rapp, Tribal
BBDO = Organic, Proximity

買収で進化を遂げているＷＰＰやピュブリシスに比べ、明らかに進化が遅く「いまは儲かっている」という状態が「両刃の剣」となっていた。この「儲かっている」「なるようになる」という思考は、日本の広告代理店も同様ではないだろうか。

ピュブリシス・オムニコム・グループの成立は明らかに「デジタル推進かつデータ統合プラットフォーム作り」の合併なのだが、はっきりとした方向性と施策を打ち出すには各国当局の承認プロセスを２０１４年半ばの「合併完了」までは待たねばならない。

その際に日本市場での影響力が高いＷＰＰと電通の動きが活発化することが予想される。ＷＰＰのマーティン・ソレル氏、電通イージス・ネットワークのティム・アンドレー氏はピュブリシス・オムニコム・グループの戦略について声を揃えて「広告主へのメリットなし」「人材の流出が加速」と指摘し牽制している。[6] **実際、日本市場におけるピュブリシス・オムニコム・グループ誕生の余波は電通とＷＰＰを通じてもた**

らされる可能性が非常に高い。

ＷＰＰと電通はどう動くのか

オムニコムとピュブリシス合併の直接の引き金は、ＷＰＰの動きと電通のイージス買収の影響が大きい。ピュブリシス・オムニコム・グループが具体的な戦略を打ちだせていないのとは対象的にＷＰＰと電通は積極的に動いている。

ＷＰＰがデジタル領域へ参入するきっかけとなった年は２００７年だ。マイクロソフトに競り勝ち広告配信管理技術、検索マーケティング支援サービスなどを提供していたトゥエンティ・フォー・セブン・リアルメディア（24/7 Real Media）を約６４９億円で買収したことからはじまっている。[7] この年は広告配信技術やアドエクスチェンジ（デジタル広告枠の取引マーケット）を持つ会社の買収が相次いだ。グーグルが約３１００億円でダブルクリックを、ヤフーは約６８０億円でライトメディアを買収した動きから見ても、ＷＰＰの買収は同社にとって大きな一歩だった。[8]

さらに近年では電通グループの飛躍が大きかった。米広告代理店マックギャリー・ボウエン、デジタル領域の広告代理店３６０ｉの買収に続き、イージスを約

４０００億円で買収し、広告会社世界トップ５に食い込んできた。ＷＰＰと電通はどのような戦略を描いているのだろうか。

世界展開を目論む「Ｄｅｎｔｓｕ」

２０１３年６月電通はイージス買収における諸手続きを完了したと発表した[9]。買収総額は約４０００億円。45％の買収プレミアムでの買収となった。２０１２年の買収発表時に各メディアはこのニュースを驚きと共に伝え、他の日本企業の買収事例との比較が駆け巡った。筆者はこの動きがトリガーとなり２０１４年以降が新しい日本広告業界の幕開けになると期待している。敬意を込めてこれらの動きを探ってみよう。

過去、電通は海外企業と「うまくやれなかった」。ヤング・アンド・ルビカム、ハバス、レオ・バーネット／ビー・コム・スリー、そしてピュブリシスと長い歴史の中で度々提携と解消を繰り返してきた経緯は周知の事実だ。

ピュブリシスとの提携時代はビー・コム・スリーへの21％出資（約５０１億円出資）に加え、ビー・コム・スリーがピュブリシスに統合される時点で、新会社で15％の議決権を取るため約６６０億円の追加投資を行った。単純出資額は合計約１１５０億円にのぼった。[10] 今回はその約４倍の４０００億円台となった分リスクも大きい。電通を含むこれまでの日本企業の提携・買収話と「今回の電通」の話が少し違うのは「海外標準」の文化を社内へ取り込む狙いがあったことと筆者は見る。

　具体的には、電通初の外国人取締役となったティム・アンドレー氏の存在が大きい。身長２メートルを超える元シカゴ・ブルズのプロバスケットボール選手。その風貌もさることながらトヨタ自動車、キヤノン・アメリカという日本企業での勤務経験も持つ。電通イージス・ネットワークのエグゼクティブ・チェアマン（取締役会議長）に就任してからは、各欧米メディアからのインタビューに「Ｄｅｎｔｓｕ」の顔として応じている。欧米の広告代理店の間では、既に彼が広告代理店ビッグ５の一角である電通のトップであると「勘違い」している節もあるくらいだ。[11]

　電通全体で見ると、アンドレー氏の肩書きはホールディング会社の社長ではなく取締役なのだが、欧米での存在感の大きい電通イージス・ネットワークのトップである。いずれアンドレー氏がホールディング会社の社長へ昇格する可能性も高いだろう。

　アンドレー氏が電通アメリカの社長になってから電通の買収劇は加速している。２００７年にアティック、２００８年にマックギャリー・ボウエン、２０１０年に３６０ｉ、２０１１年ファーストボーン、２０１２年にはカナダのボス、ブラジルのラブ、インドのタプルート、そして２０１３年にはＰＲ会社のミッチェル・コミュニケーション・グループという具合だ。[12]

アンドレー氏は決して彗星の如く現れたのではない。２００６年に電通アメリカに入社しているのだが、彼にアメリカ法人のマネジメント職として「活躍させる」土台を用意する「意思」が電通にあったと推測できる。

社長にふさわしい人物とは、やはりそのマーケットを熟知する人材であり、有能なスタッフを束ねられるキャパシティーがある人物だ。何も電通だからといって日本人である必要はない。もっと露骨に言えばアジア的、日本的なカルチャーのゴリ押しで欧米のビジネスマンたちをマネジメントするのは不可能に近い。

図5：2007年5月時点での電通の海外事業戦略

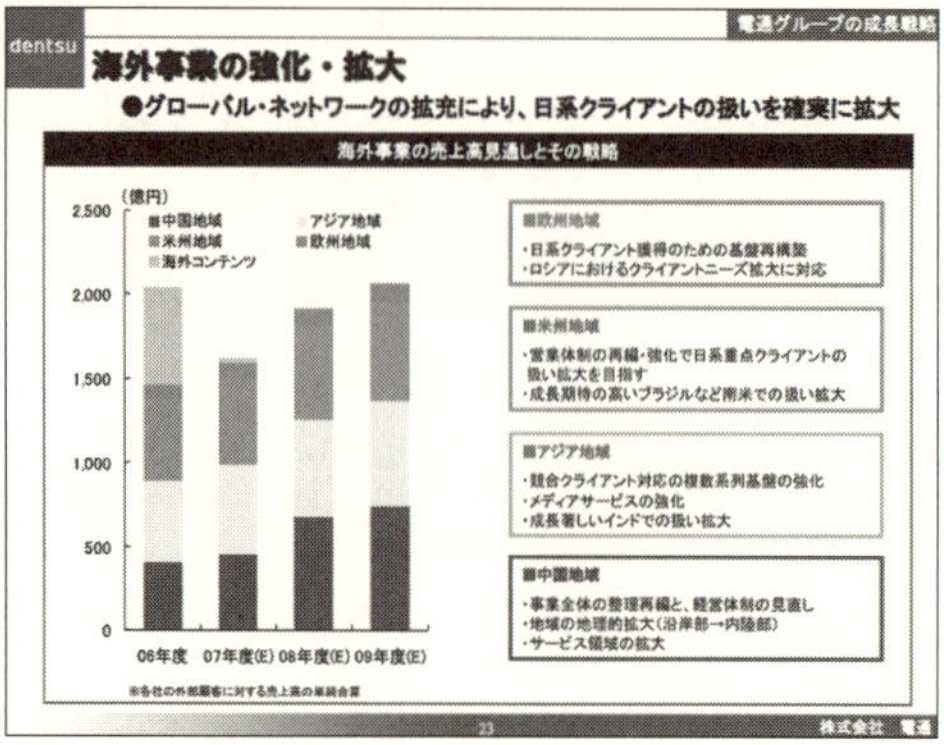

「グローバル・ネットワークの拡充により、日系クライアントの扱いを確実に拡大」と23ページに記載されているが、この考え方はいまでは通用しない(出典：電通「電通グループの2006年度までの成果と今後の成長戦略」2007年5月14日 http://www.dentsu.co.jp/ir/data/pdf/2007EAPREJ2.pdf)。

図6：2013年の電通の海外事業戦略

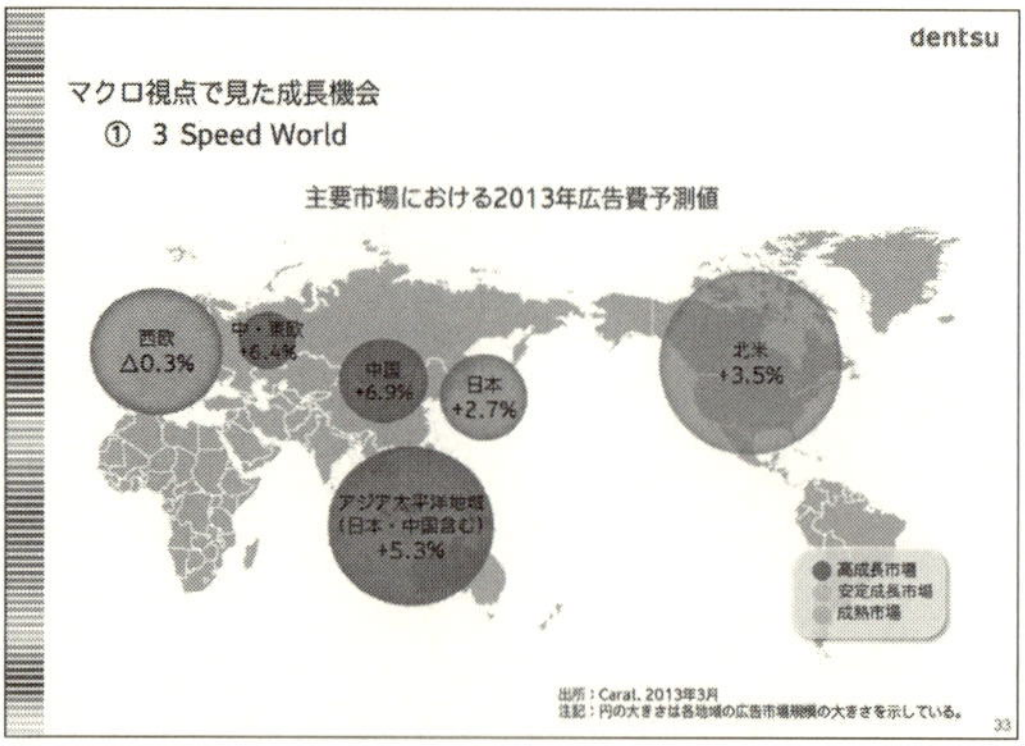

図中の数字と輪の大きさが電通の目論みであり「世界のどこで成長しようとしているのか」が垣間見える（出典：電通「Dentsu 2017 and Beyond」2013年5月17日 http://www.dentsu.co.jp/ir/data/pdf/2013EAPREJ2.pdf）。

電通の「オペレーティングモデル」

電通が掲げる「オペレーティングモデル（会社運営基軸）」は端的に言えばメディアを牛耳ることにあると感じる読者も多いだろう。創業以来電通が貫いてきたモデルであり、メディアバイイングに強い広告代理店としてイージスがグローバルで標榜したモデルでもある。その意味で「共感」シナジーが働いている。

電通のやり方は「買収」という手段を使いつつも、決して欧米式の「ホールディング会社の傘の下に各会社を束ね、それぞれが独自で動く」というやり方ではなく、広告主に対してメリットある一個の

図7：2013年の株価の推移

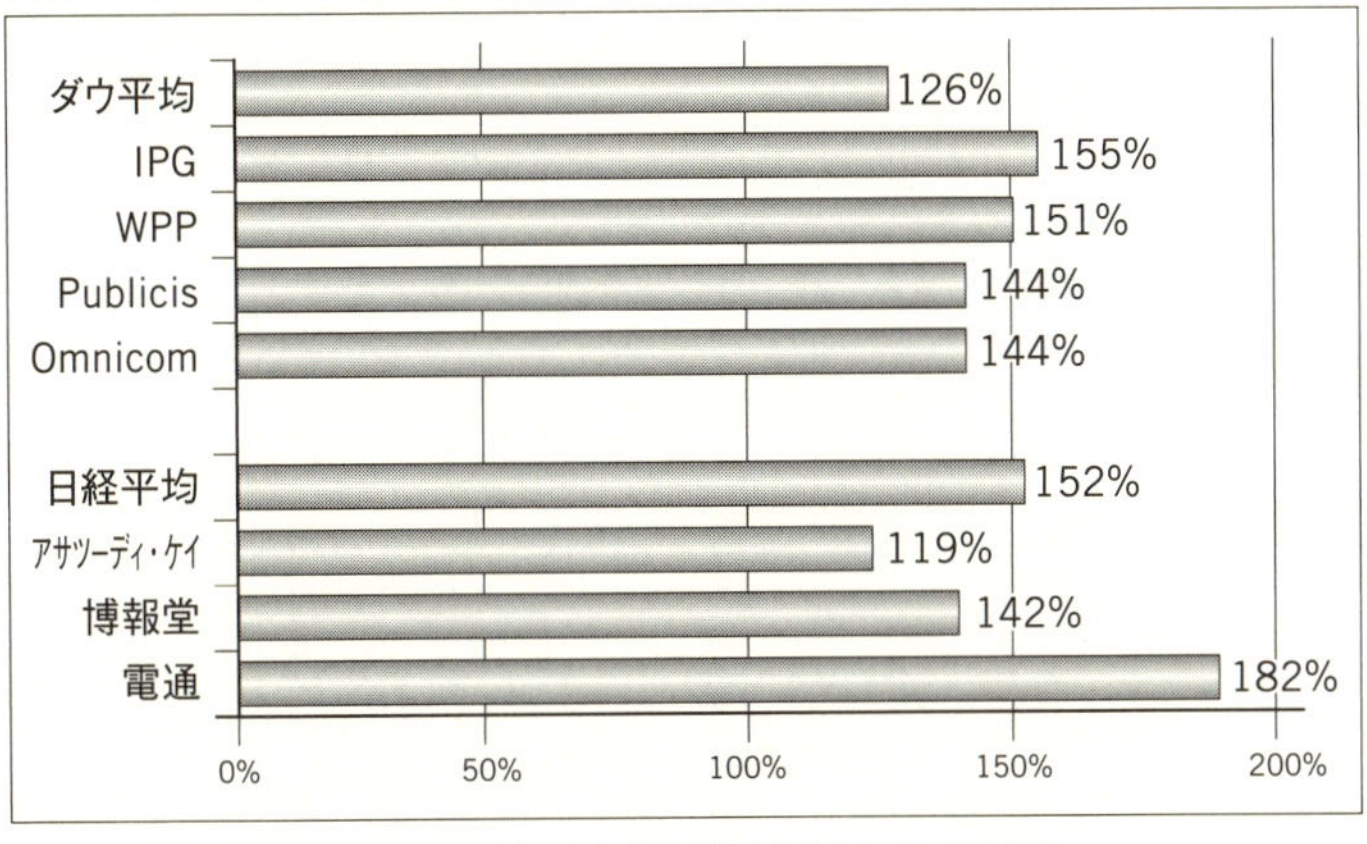

1月年初を100とした場合の株価伸び率。年初終値と年末終値をもとに筆者計算。

「広告代理店」として動こうという意志が見える。いわゆるこれまで日本の広告代理店が培ってきたやり方であり、日本では馴染むやり方だ。

一方、欧米ではＷＰＰ、ピュブリシス・オムニコム・グループを筆頭に、ホールディング会社の傘の下に独立した会社を束ねる。独立した会社のことを「サイロ」と表現する。「サイロ」とは牧場風景で見られる縦長の牧草貯蔵の建物だが、その形に例えて「組織の業務プロセスやシステムなどが、他部門との連携を持たずに自己完結して孤立してる」状態を言う。「『サイロ』は『キス&パンチ（時には仲良く、時には競い合う）』しあう仲」と言ったのはＷＰＰのソレル氏。いかにもソレル氏らしい表現だ。

サイロ同士のシナジーは超大手広告主案件以外では滅多になく、広告主の獲得は基本的には単独サイロで動く。そして損益分岐はサイロごとに別計上するのがホールディング会社の経営である。電通のやり方は欧米式とは一線を画しているのだ。

電通というホールディング会社の傘の下に「電通イージス・ネットワーク」という新たな会社を設立。**ロンドンに本社オフィスをかまえ、**グローバル展開における「ベスト・イン・クラス（その業種、職種でトップクラスの人材。それらを集めたグループの総称）」となる広告代理店を「部署」として配置した。

あのエージェンシー・オブ・ザ・イヤーを3年で2度獲得したマックギャリー・ボウエ

ンも電通イージス・ネットワークの「部署」として機能する。それ以外にもグローバル規模の広告プラットフォームであるアンプリファイ、デジタル領域に強い３６０ｉ、ファーストボーン、マーケティングデータ活用・分析のデータツーデシジョン、ＰＲ領域のミッチェル・コミュニケーション・グループなどを束ねる。これらが本当に機能するなら恐ろしい競争力を持つだろう。[13]

この電通の動きを真似できる広告代理店は日本には存在しない。しかし彼らの動きの「行間」を読み、自分ごとに置き換えて考えることはできる。いつまでも「日の丸ハチマキ」をしたままでよいわけがない。

人事施策もグローバル化する

人事についても触れておこう。これらの動きを強化するためには適材適所はもちろんのこと、グローバル規模でグループの総力をあげ人材の囲い込みが必要になってくる。電通マンすら気づいていないかもしれないが、毎年日本のリクルートスーツの中から新卒を採用するのは「東京事務所」だけのローカルな習慣となっていく。

現在活躍している人材でも新しい基準による「適材適所」の判断による入れ替えが

起こる。マーケットへの洞察やスキルを持つ人材がポジションに就いていくことになるだろう。例えば電通の場合ですら「電通か電通イージス・ネットワークか」という単純に二社の中での入れ替えではなく「カラフルな電通名刺のごとく」多様な判断による人事が進むと思われる。

言わずもがな電通イージス・ネットワークのトップ人事は、日本主導のプール人事ではない。常任役員9名のうち日本人は2名だけだ（2014年4月時点）。会議で利用する言語を英語にする、などと大げさに発表するまでもなく共通言語は英語が当たり前だ。

デジタルの先頭を突っ走るＷＰＰ

ＷＰＰの「デジタル化」への動きは速い。２０１２年で既に総利益の34％がデジタルであり、次の5年で45％に引き上げるという[14]。他社が少々オーバーな数字を掲げる中で非常に説得力ある数字を掲げている。自らの立ち位置と目標がわかっている冷静な発表だ。ＷＰＰの戦略を紐解いていこう。

ザクシスはマーティン・ソレルの基幹戦略

２０１３年末にＷＰＰは傘下のザクシス（Ｘａｘｉｓ）とトゥエンティ・フォー・セブン・リアルメディアの統合を発表した。

ザクシスは（外部からは）ＷＰＰ内のトレーディングデスクと位置付けられている会社だ。広告枠やオーディエンスデータを「買い」広告主へ提供する技術・サービスを有する。一方、２００７年に買収したトゥエンティ・フォー・セブン・リアルメディアは広告枠やオーディエンスデータを「売る」側だ。メディアの収益最適化を支援するサービスを提供し、多数のメディアとのネットワークがある。

この発表からは広告主側のグローバル規模での広告配信ニーズに対する対応と、WPPだからこそできるプレミアムな広告枠提供による、次なる利益基盤の確立を目論んでいることが見える。

そもそも「トゥエンティ・フォー・セブン・リアルメディアとザクシスが統合」と業界人が聞けば「え、まだ統合してなかったの?」という反応が返ってくる。トゥエンティ・フォー・セブン・リアルメディアは、ザクシス設立前からソレル社長にとって「肝いり」だった。買収後に設立したザク

図8：ザクシスはWPPの基幹戦略

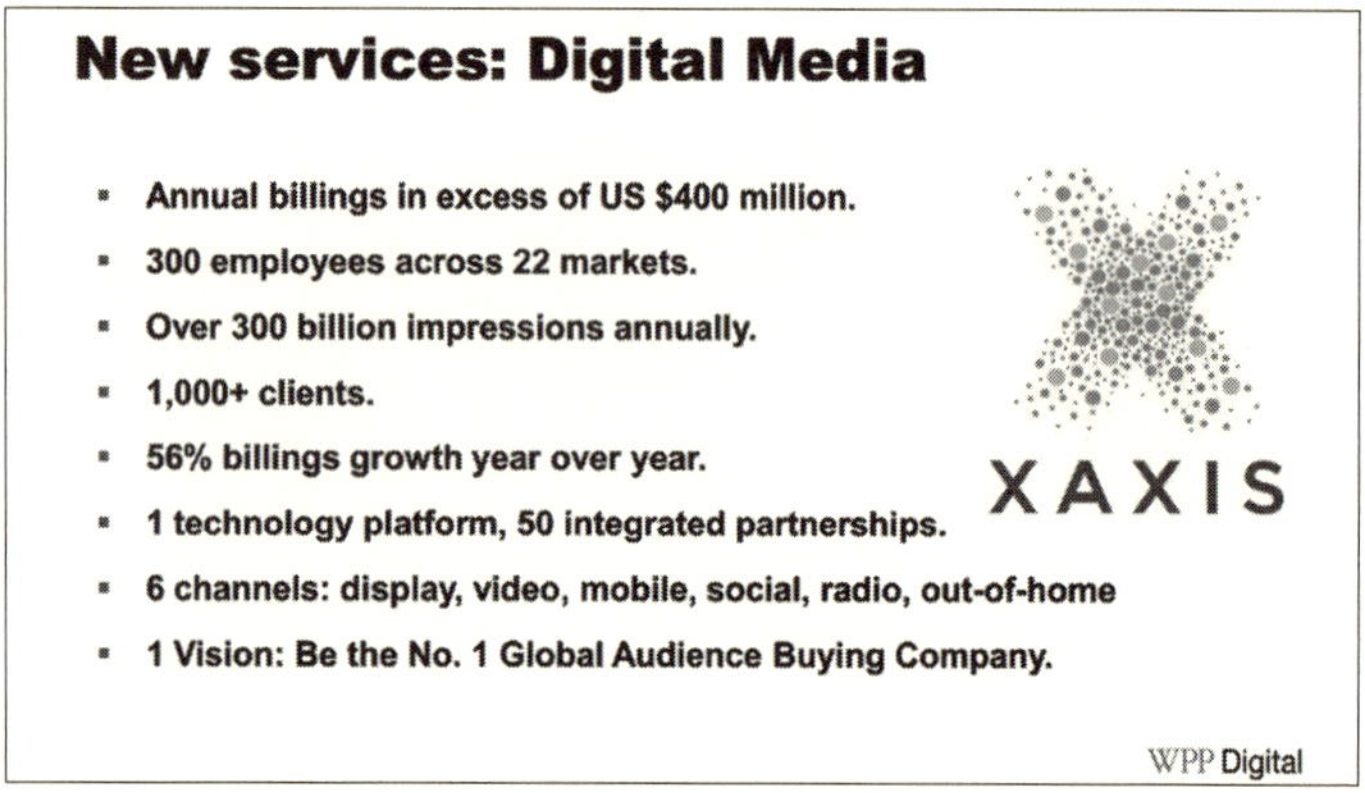
New services: Digital Media
Annual billings in excess of US $400 million.
300 employees across 22 markets.
Over 300 billion impressions annually.
1,000+ clients.
56% billings growth year over year.
1 technology platform, 50 integrated partnerships.
6 channels: display, video, mobile, social, radio, out-of-home
1 Vision: Be the No. 1 Global Audience Buying Company.
XAXIS
WPP Digital

（出典：WPP「Digital Investor Day」2013年6月4日 http://www.wpp.com/~/media/investor/1-introduction.pdf）

シスとの統合は内部情報を「あらためて」発表したに過ぎない。戦略戦術も２００７年から変化はない。

ザクシスのブライアン・レッサー社長はトゥエンティ・フォー・セブン・リアルメディア出身で、買収を機にＷＰＰ内でＭＩＧ（Media Information Group）を立ち上げ、その後ザクシスを設立している。

ザクシスのニューヨーク本社オフィスはトゥエンティ・フォー・セブン・リアルメディアのニューヨーク本社オフィスと同じ住所だ。鶏が先か卵が先かの議論でトゥエンティ・フォー・セブン・リアルメディア買収時点で「ザクシス的な」構想があったのだろう。

この流れは加速し、今後も売り手側と買い手側の統合がピュブリシス・オムニコム・グループでも発表されるのは時間の問題だ。ピュブリシス・オムニコム・グループが次に発表するとすれば、メディアのオーディエンスデータを抱える分野のテクノロジー企業の買収だろう。

「フレネミー」には頼れない

２０１３年ザクシスのレッサー社長が世界中を飛び回っていたという噂がある。グローバルで広告の配信をしたい広告主のニーズに応えるための動きだったことは間違いない。

　ザクシスは２０１１年から2年弱で急成長を遂げている。さらにトゥエンティ・フォー・セブン・リアルメディアとの合併で規模を拡張している。

提供国数：28（22）
従業員数：５００（３００）
総インプレッション数：４５００億インプレッション／年（同３０００億）
トゥエンティ・フォー・セブン・リアルメディアと合算すると、2兆インプレッション／年になるという**（※カッコ内は２０１３年の数字）**

たった半年間で拠点数、インプレッション数とも急速に拡大。いかに自分たちのサービスでリーチできる範囲を拡大させたかがわかるだろう。「ナンバーワン・グローバル・オーディエンス・バイイング」企業というスローガンを実践している。

　ＷＰＰのソレル社長が作った、友人（フレンド）と敵（エネミー）を混ぜた造語である「フレネミー」という言葉をよく耳にする。ＷＰＰとしてはフレネミーであるグーグルだけに頼っていては中抜きの波に巻き込まれると確信したからこそ、独自でテクノロジー企業を持つべくトゥエンティ・フォー・セブン・リアルメディアを買収した。ピュブリシス・オムニコム・グループに対しては「グーグルに中抜きにされて、ペプシコーラやP&Gを持っていかれてしまいますよ」と牽制している（図9）。

安易な「透明性議論」は首を絞める

よく耳にする表層的な議論にメディアやデータの「売り手側と買い手側の両面を持つには、透明性をクリアにする必要がある」という内容があるが、こういった議論は「わかっていない」か「嫉妬」

図９：競合優位性の源はテクノロジーにあると資料でもはっきり表明している

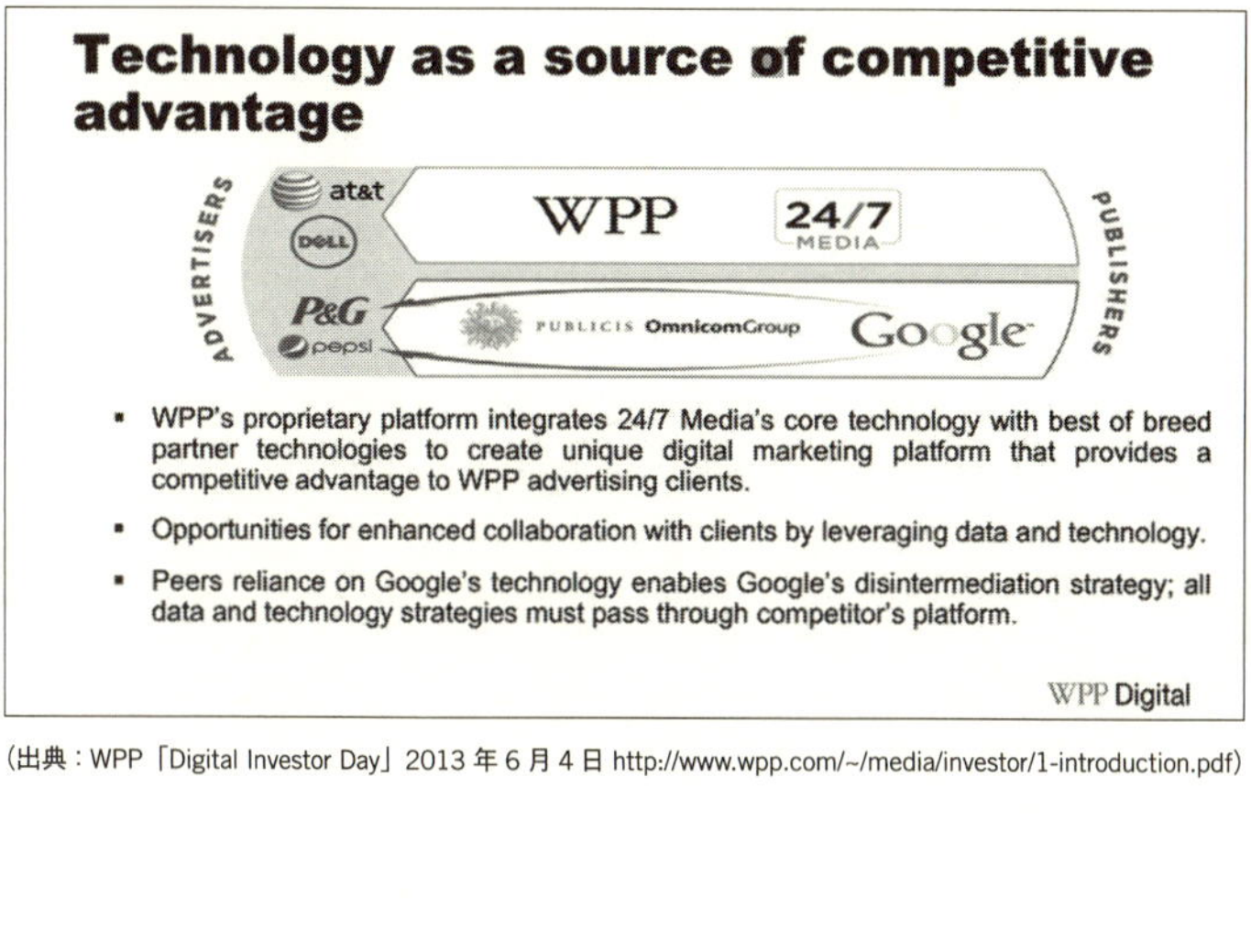
Technology as a source of competitive advantage
ADVERTISERS
at&t
DELL
P&G
pepsi
WPP
24/7 MEDIA
PUBLICIS
OmnicomGroup
Google
PUBLISHERS
WPP's proprietary platform integrates 24/7 Media's core technology with best of breed partner technologies to create unique digital marketing platform that provides a competitive advantage to WPP advertising clients.
Opportunities for enhanced collaboration with clients by leveraging data and technology.
Peers reliance on Google's technology enables Google's disintermediation strategy; all data and technology strategies must pass through competitor's platform.
WPP Digital

（出典：WPP「Digital Investor Day」2013年6月4日 http://www.wpp.com/~/media/investor/1-introduction.pdf）

のいずれかではないだろうか。

日本ではトラディショナルメディアの時代から、電博を筆頭に「メディア側と、広告主側の両方の顔を持つ」のはお馴染みの構造だ。サイバー・コミュニケーションズやデジタル・アドバタイジング・コンソーシアムも既に「両方向」へサービスを提供している。**こういった面で見ると、むしろ日本の方が欧米より「考え方が進んでいる」と言えるかもしれない。**

アービトラージ（裁定取引：先に広告枠を仕入れることにより在庫のリスクを負いつつメディアとの合意の価格で売るビジネス戦略）において、「透明性」という単語を容易に使うのは適切ではない。ネット広告取扱高第1位のグーグルは「両面」を統合したサービスを持つ代表的な会社として成功している。

ＷＰＰは先に仕入れて売却時に高く売り利ザヤを稼ぐ、アービトラージについて特に問題視しないとしている。レッサー社長は「何か課題があるとするならそれはメディアの価値を損なうような価格で売却した場合か、あるいは広告主が何を買ったのかわからない場合のみ」と言い切り「むしろ一つのプラットフォームでメディアと広告主が直接つながることで得るメリットの方が大きい」としている。

実際ＷＰＰ、ピュブリシス、オムニコム、インターパブリックグループの4社の比較ではザクシスがダントツの規模と売上高を誇り、他社のトレーディングデスクは透明性を強調するあまりぱっとしないのが実情だ（図10）。グローバル広告主であればあるほど、アービトラージによるプレミアム広告枠へのニーズが高まっている。

図10：ザクシスがダントツの規模

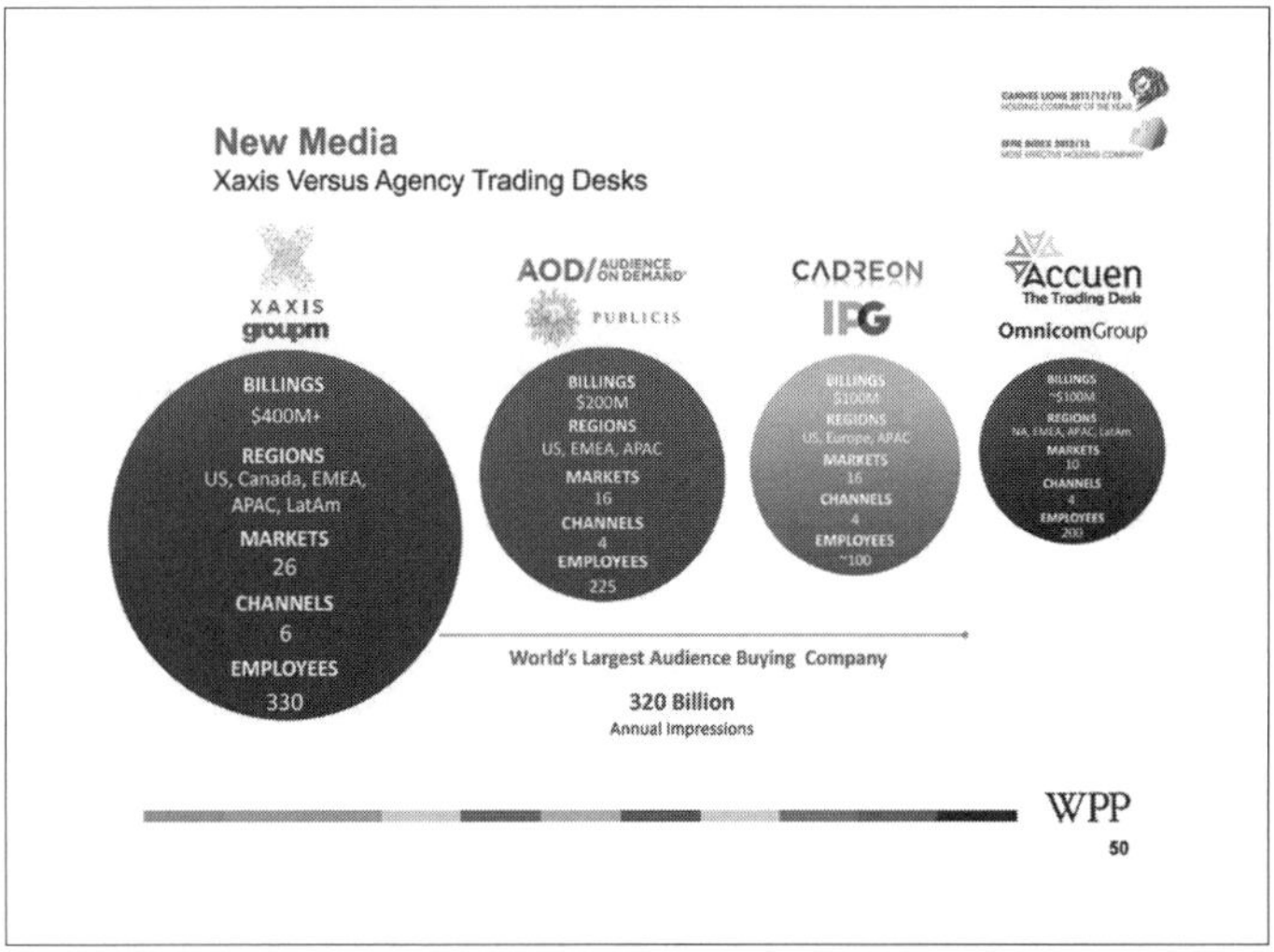

出典：ピュブリシス・オムニコム・グループが「合併しないと追いつけない」規模にまでWPPはザクシスを戦略的に育てていた（出典:WPP「2013 Interim Results」2013年8月 http://www.wpp.com/~/media/Files/Content/Investor/wpp_interims_presentation_aug13.pdf）。

「自前か外部か」選択を迫られるグローバル広告主

広告主の視点から「透明性」について補足すると「自分が何を買っているのかがわかること」は重要だ。つまり購入した広告枠やオーディエンスデータに対しその「原価」を知ることが重要なのではなく、自社基準の価値（価格）をつけて管理することが優先される。

その延長で広告主が自社管理プラットフォームを作るトレンドが欧米では進んでいる。自社に適したパートナー選びと、規模と効率化を備えた買付システムを構築するためにはどうすればよいのか。

アドテクノロジー企業も投資家からの成長要求を理由に、広告代理店を飛ばして広告主へ直接アプローチをしている。広告主は「テクノロジーをどうつなげればよいのか」にお金と時間が取られることを望まない。このギャップを突いたのがＷＰＰ、ピュブリシス・オムニコム・グループなどのホールディング会社レベルでの「オールインワン（両つなぎ）」戦略だ。

当然、広告主の事情、戦略により「オールインワン」がフィットするかどうかは変わる。この点に関する分析、見極めとそれぞれのサービスの長所を知ることが広告主には必要だ。その一例が今回のザクシスの動きである。ただこの例は超大手広告主を対象としたケースであり、雲の上の世界のことは自分には関係ないと思うかもしれない。しかしそういった言い訳を一蹴するのがデジタル化、グローバル化のトレンドであり、いまこそ現実から察知するタイミングなのだ。

図 11：上位にはまだ独立系が存在する

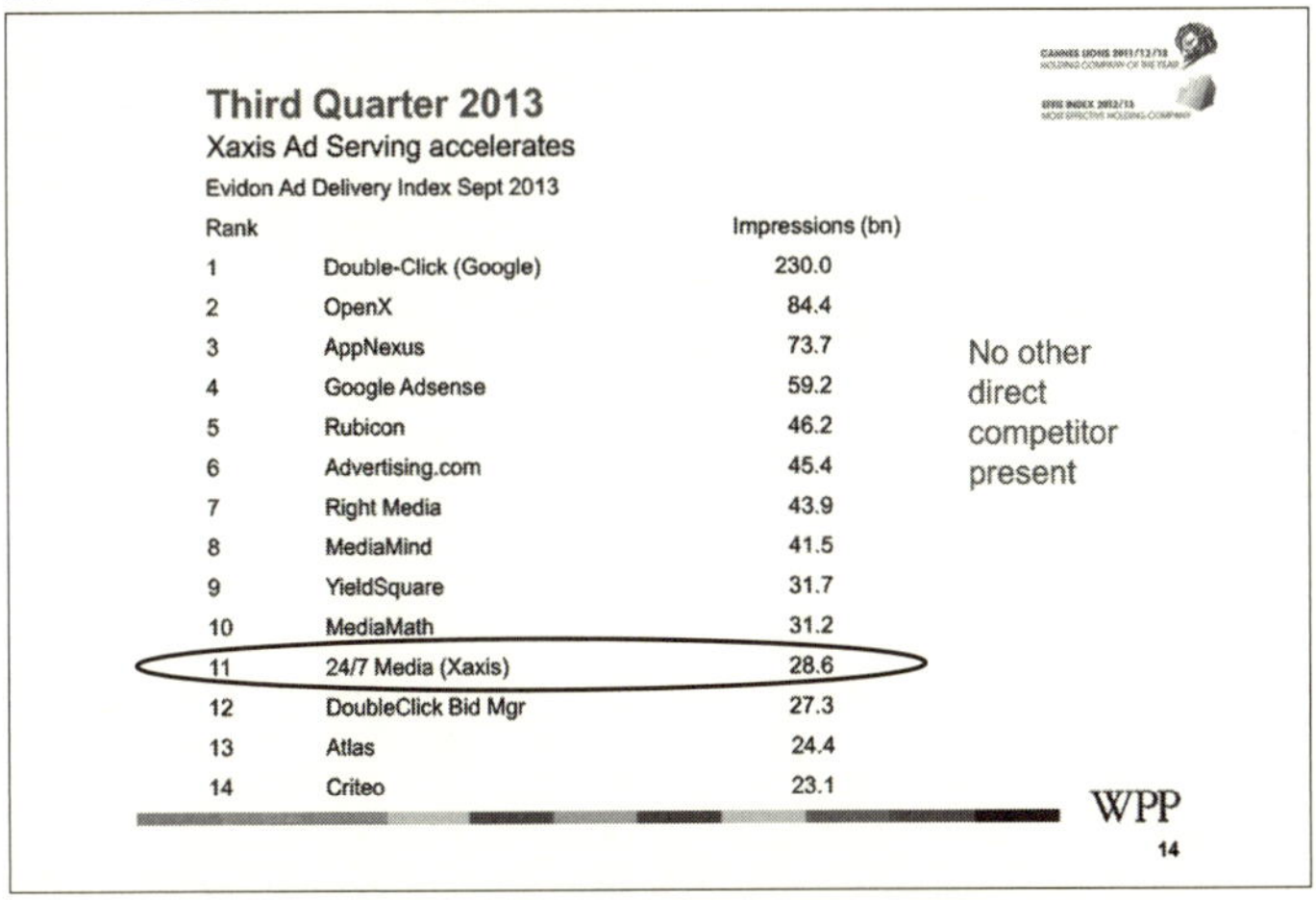

Third Quarter 2013
Xaxis Ad Serving accelerates
Evidon Ad Delivery Index Sept 2013

Rank		Impressions (bn)
1	Double-Click (Google)	230.0
2	OpenX	84.4
3	AppNexus	73.7
4	Google Adsense	59.2
5	Rubicon	46.2
6	Advertising.com	45.4
7	Right Media	43.9
8	MediaMind	41.5
9	YieldSquare	31.7
10	MediaMath	31.2
11	24/7 Media (Xaxis)	28.6
12	DoubleClick Bid Mgr	27.3
13	Atlas	24.4
14	Criteo	23.1

ピュブリシス・オムニコム・グループはじめ広告配信技術を自前で持つ企業はランキングに登場していない。トゥエンティ・フォー・セブン・リアルメディアの上にもまだ独立系が存在する。次に買収されるのはどこだろうか（出典:WPP「Trading Statement for the Third Quarter 2013」2013 年 10 月 http://www.wpp.com/~/media/investor/wpp_q3_presentation_oct13.pdf）。

データマーケティング時代を見据えた行動

ＷＰＰはフェイスブックやツイッターとグローバルパートナーシップを結び、トゥエンティ・フォー・セブン・リアルメディアの買収合戦のライバルだったマイクロソフトのアドネットワークとエクスクルーシブの提携を行っている。２０１３年12月時点のプレミアムなメディアの取り込みは北米においては２５０社、世界だと12か国１０００社となる。[15]

ザクシスは、プレミアムなメディアと直接つながっていることを売りにしている。デマンドサイドプラットフォーム（ＤＳＰ）、トレーディングデスク、アドエクスチェンジ…などザクシスの呼び名はさまざまだがグローバル規模での広告配信と質の高い広告枠の買い付けが可能な点が強みで、他のアドエクスチェンジやデマンドサイドプラットフォームでは買い付けできないプレミアムな広告枠、オーディエンスデータを持っていることを強調する。

ザクシスのビジネスは「自動売買かつ一次請けでプレミアムな広告枠を買い付けるビジネス」であり、「リアルタイム入札と広告枠売買のマーケットプレイスを設けて有象無象の広告枠を販売する」ビジネスとは違う方向性なのだ。自社のことをトレーディングデスクと呼ぶことも避け、世界最大のデータマネジメントプラットフォーム（ＤＭＰ）、オーディエンスプラットフォーム提供会社と呼ぶ。

トゥエンティ・フォー・セブン・リアルメディアのConnectというシステムで、メディアとの接続拡大の準備を２０１２年から行いアービトラージでの買い付けリスクを背負いながらメディアと交渉するモデルは、資本の小さなアドテクノロジー企業では到底真似できない。

ザクシスが目指す方向性はいわば世界最大かつプレミアムなデータマネジメントプラットフォームでありグローバル広告主のためのプラットフォームだ。はっきり言えば、ユニリーバ、フォード・モーター、キンバリークラーク級の大手広告主をターゲットとしている。

業界メディアの中でレッサー社長は「仮に世界最大のグローバル広告主の立場に立って考えてみた場合、入札ベースで競合他社と枠取りを競ったり、無数の小さなプレイヤーと競ったりそんなチマチマした世界を望むはずがない。資本とデータを最大限利用して最も高品質な広告枠を買い切りたいはずだ。実際メディアも進んでプレミアムな広告枠を欲しがるグローバル広告主に広告枠を提供したいし、しかも先買いのコミットメントがあるならなおさらだ。我々は高品質でプレミアムな広告枠を自社独自のデータと共に、限られた広告主へダイレクトに提供するのが役目だ」と語っている。[16]

グローバル広告主のデジタル化、グローバル化に対する要望をメディアバイイング、プランニング会社の集まりである「グループM」の協力を得ながらザクシスへ徐々に移行し、一方でトゥエンティ・フォー・セブン・リアルメディア側の調整をつけて新生ザクシスブランドへ統一する。**統合するために部署横断で調整し、世界中も飛び回り、さらに最新知識もキャッチアップする。こうしたレッサー氏の努力がザクシス急拡大の原動力となったと筆者は見る。そしていつもながら「そうさせる」ディレクションを実行するマーティン・ソレル社長の手腕にも脱帽する。**

「総合広告代理店」は消滅した

「フルサービス」「インテグレーテッド」「チームワーク」「マーケティングパートナー」「３６０度チャンネル」……これら耳触りのよい「業界用語」を使って自社を「総合広告代理店」としてプレゼンテーションする企業は、欧米では完全に消えた。

「デジタル」「テクノロジー」を基軸とし明確な指標をだすことが、広告代理店としての最低限の役割であり勝ち組企業の特徴でもある。

「あらゆる領域に強い総合広告代理店」という言い回しは、いまや「立ち位置が決まっていない」と同義語だ。従来型の広告代理店が突如自らをデジタル領域に強い広告代理店、いわゆる「デジタルエージェンシー」と名乗る「えせ」デジタルが横行したが、デジタルに特化し分離独立した会社が親会社を凌ぐ勢いで成長している。

テクノロジー企業、コンサルティング企業、ＰＲ代理店、ソーシャルメディア企業、ダイレクトマーケティング企業などが軽く「広告代理店」を凌ぐ時代に突入した。それを顕著に表したのが図12だ。

図12：米国の全広告代理店の売上総利益ランキングトップ20

		売上総利益		
		2012		2008
1	Epsilon（Alliance）	1061億円	230%	461億円
2	Acxiom Corp.	678億円	---	NA
3	BBDO WW（Omnicom）	541億円	85%	636億円
4	SapientNitro	497億円	235%	211億円
5	Leo Burnett WW（Publicis）	471億円	206%	229億円
6	DraftFCB（IPG）	443億円	87%	510億円
7	McCann Erickson WW（IPG）	427億円	81%	530億円
8	Rapp（Omnicom）	423億円	116%	365億円
9	DigitasLBi（Publicis）	407億円	108%	377億円
10	Edelman（DJE holdings）	406億円	---	NA
11	Experian Marketing Services	395億円	100%	395億円
12	Razorfish（Publicis）	390億円	123%	317億円
13	Y&R（WPP）	389億円	114%	340億円
14	Weber Shandwick（IPG）	366億円	---	NA
15	Wunderman（WPP）	355億円	132%	268億円
16	JWT（WPP）	351億円	106%	332億円
17	IBM Interactive	343億円	167%	205億円
18	inVentiv Health Communications	342億円	---	NA
19	Fleishman-Hillard（Omnicom）	325億円	---	NA
20	TBWA Worldwide（Omnicom）	321億円	146%	219億円

2008年当時、上位20位以内だったエージェンシー

DDB	300億円
Carlson	265億円
Saatch & Saatch	236億円
Ogilvy	221億円
Gray	215億円

PR, SNS系　デジタル系

Advertising Age DataCenter「Largest U.S. Agencies From All Disciplines」2012 http://adage.com/datacenter をもとに作成（データベース企業、PR企業は2008年時に調査対象でなかったのでNAが多い）。

競合は広告代理店にあらず

図12は『アドバタイジングエイジ』のデータをもとにした２０１２年の米国の全広告代理店の売上総利益上位20社のランキングである。「デジタル」を中心にした広告代理店を薄いグレー、ソーシャルメディアを含むＰＲ系の企業を濃いグレーで表している。白枠の企業が従来型の広告代理店でＢＢＤＯ、レオ・バーネット（Leo Burnett）、マッキャンエリクソン（McCann Erickson）、Ｙ&Ｒ、ＪＷＴ、ＴＢＷＡと「お馴染みの顔」が並ぶ。

ザックリと俯瞰して見てほしい。デジタル、データ、ＰＲに専門特化した企業群が、オールインワンのマーケティングを標榜している従来型の広告代理店を上回っていることがわかるだろう。寡占が続く日本でも既に同様の地殻変動が起きているのを感じる。

ランキング上位の特徴

デジタル領域で急伸する会社の特徴を見てみると「データの保有量」＝「売上総利益」

に比例している印象がある。データがマーケティングにおける新しい通貨だと耳にするようになった。それがそのまま広告代理店の稼ぎにも比例しているとなると、この波に乗り遅れてはまずい。

　イプシロン（１位）、アクシオム（２位）、サピエントニトロ（４位）は日本ではほぼ無名だ。しかしランキング上ではＢＢＤＯ、マッキャンエリクソン、ＪＷＴより「はるかに」利益を稼いでいる高収益企業だ。

　イプシロンの業態はザックリと言えば、ダイレクトマーケティング系の会社だ。アライアンス・データ・システムの傘下にあり、イプシロンは２０１０年に信用情報機関大手のエクイファックスのダイレクトマーケティング（ＤＭ）部門を約１１７億円で買収している。売却した側のエクイファックスといえば、米国内の信用レポートやデータのプロバイダーとして米国３大手の一角、大手金融機関数社を含む多くの企業がそのサービスを利用するほどの企業だ。イプシロンはＥメールマーケティングのほかロイヤリティーマーケティングからウェブデザインまで、ベストバイ、ゼネラルモーターズ、ロシュなどのグローバル広告主のマーケティングを支援している。

　アクシオムには日本法人がある。同社の日本のフェイスブックページでは業種が「コンピューターサービス」と定義されている。[17] 広告代理店からすると一見「異業種」と見えるだろう。しかしアクシオムはナスダック上場企業であり、ダイレクトマーケティング、データベース・マーケティング事業を拡大し成長したグローバル企業だ。本社はアーカンソー州にある。

サピエントニトロは、サピエント（ナスダック上場）のマーケティングサービス部門で、同社はクラウドベースのプラットフォーム「サピエント・エンゲージドナウ」などを広告主に供給、運用管理するテクノロジー企業である。

サピエントニトロは２００９年に当時ナイキ、ボルボなどを顧客に持ちウェブデザインに強いニトロを約50億円で買収し、マーケティングのテクノロジーコンサルティング領域に進出してきた。クロスチャネルでのブランド、商品単位のキャンペーン分析と最適化アドバイスツールを提供している。

この他にも8位のラップ（ラップコリンズ）は、もともと親であるＤＤＢ（２０１２年ランキング23位）傘下でＣＲＭ領域に強い広告代理店だったが、新生オムニコム編成時にＣＲＭに強みを持つ会社として歩みはじめた。親を抜いて大きくなった子供のようなものだ。ＣＲＭといえば、ワンダーマン（15位）もＷＰＰの中核企業だ。ＩＢＭインタラクティブ（２０１２年ランキング17位）はＩＢＭからの派生会社。ＩＢＭ専属の代理店というよりはＩＢＭから独立しコンサルティング領域に強みを持つ広告代理店として成長している。さらにエデルマン（２０１２年ランキング10位）、フライシュマン・ヒラード（２０１２年ランキング19位）といったＰＲ領域に強みを持つ会社もランキング上位に位置している。

テクノロジー、データ、コンサルティング、ダイレクトマーケティング、ＰＲという「広告、マーケティング以外」の業際企業が広告、マーケティング領域まで事業範囲を広げ、いまや従来型の広告代理店と同規模か、あるいはそれ以上の成長を見せており、結果的に完全に業界地図が塗り替わっているのがわかるだろう。この米国状況に対していつまで「知らんぷり」することができるのだろうか。

テクノロジー企業から広告代理店へ変身

一見オムニコム、ピュブリシス、ＷＰＰ、インターパブリックグループなどの「ホールディング会社」の動きは買収会社を傘下にして単純なサービス拡大を図っているように見える。彼らが行っているのは、あくまで「広告」というこれまでの中核事業を発想の中心に据えた拡大戦略だ。近年はテクノロジー企業を傘下におさめ、より高度なテクノロジーやプラットフォームを構築し事業展開を図っているのだ。

一方で、「テクノロジー企業」はテクノロジーやプラットフォームを基軸としてマーケティングサービスを提供している。このまま拡大すれば現在ホールディング会社が行っているような「グループ」を形成することも可能だ。例えばグーグルのダブルクリック吸収やヤフーのライトメディア吸収の例を見てもグループとして広告主へのサービス拡充が進んでいる。

グーグルやヤフーが広告代理店的な機能を本気で提供しはじめる可能性もある。現に日本のヤフーは既にマーケティングサービスプラットフォームを発表している。既に彼らのデジタル広告取扱高は大手広告代理店の取扱い規模を凌駕しているのだ。こういったテクノロジー企業が広告代理店的機能を持とうとする兆候は多くある。例を挙げてみよう。

メディアマスの「ファミリー化」

アドテクノロジー企業のメディアマス（MediaMath）はターミナルワン（Terminal One）という広告配信、キャンペーン管理プラットフォームを主要な広告代理店、トレーディングデスクやフォーチュン５００社の半数を含む１０００社を超す企業へ提供している。ディスプレイ、ビデオ、モバイル、ソーシャルなどの接続先には DoubleClick Ad Exchange、Yahoo! Right Media、Microsoft Ad Exchange、Facebook Exchange、Rubicon Project、AppNexus、PubMatic、といった定番の接続先以外にＮＢＣ、ＦｏＸニュース、フォーブスなどプレミアムメディアが含まれる。このプラットフォームを通じて世界中に広告配信が可能となるので、広告代理店機能を独立させた形態のファミリー企業が自然増殖している。

テクノロジー企業は彼らなりの考え方でビジネスを展開する。テクノロジーの提供とサービスの規模拡大で利ザヤを稼ぐ「プラットフォーム売り」に専念し、手間がかかる広告主向けの「マネージドサービス（テクノロジーの提供に加え、そのオペレーションまでも手伝うサービス）」を避ける傾向にある。ところがこの手間のかかる部分を独立させ、デジタル領域に強い広告代理店という役割の周辺ビジネスを拡大させている。しかもメディアマスなどのグローバルな**テクノロジー企業から独立してできた広告代理店は、元会社のプラットフォームをそのまま利用しながらグローバル広告主と取引できる広告代理店として育っていく傾向もある。**

例えば、メディアマスから独立して設立された広告代理店にカプラーグループがある。６人の元メディアマス社員が作った会社だ。デジタル広告の取引にテクノロジーに関する知見に「疎い」既存の広告代理店が広告主との間に介在すると、動きがどうしても「遅く」なる。ならば自分たちで直接サービスを提供してしまおうというわけだ。

メディアマスのプラットフォームを使いながら、チューブモーグルのビデオプラットフォーム、セールスフォース・ドットコムのソーシャルプラットフォームなどを自由自在に組み合わせ、メディアの手数料と共にコンサルティングフィーも同時獲得できる高利益体質を作り上げた。ストックフォトでお馴染みのゲッティイメージズのグローバルでのオンラインマーケティングを一手に引き受けている。

メディアマスのジョー・ザワツキー社長により設立された「メディアマス・ベンチャーズ」ファンドからはテクノロジーネイティブな社員が独立している。例としてハドルマス（トレーディングデスク）、ビッグレンズ、アドロイト・デジタル（デジタル領域の広告代理店）を輩出し、「メディアマス」ファミリーを形成している。

現状に甘んじている状態なのは否めない

これらの動きは、日本のマーケティング領域のスタートアップ企業やテクノロジー企業、あるいはプラットフォームのマネージドサービスが提供できる広告代理店にとってビジネスのヒントとなる。グローバル広告主のグローバルでの展開を担うことを視野に入れたグローバルテクノロジー企業との提携、ノウハウ共有は大変刺激的だろう。**自社技術、自社流を海外に出すことだけではなく、海外のメジャートレンドをそのまま取り入れるという「波の乗り方」ができる人材が登場することを期待したい。**

日本の従来型広告代理店も柔軟な発想を持てれば、いろいろな「縁組み」が考えられるのではないか。デジタル領域を取り込むことにはじまり、マーケティングデータを大量に保有する企業との縁組み、グローバルプラットフォームの受け入れ、ＰＲ・ソーシャルメディア系企業の吸収、あるいは逆に魅力あるテクノロジー企業の傘下に入ることだってできる。日本の広告代理店は「未来へ向けて動いている状態」から程遠く、残念ながら「現状に甘んじている状態」なのは否めない。

参入を狙う「異業種」たち

広告代理店の一番のコンタクト先はマーケティングのトップであり、得られる報酬や取扱高は「最高マーケティング責任者（ＣＭＯ）の決済予算（マーケティング予算）」内だった。マーティン・ソレル社長が指摘しているように、テクノロジーがマーケティング責任者の権限範囲を破壊した。具体的には最高情報責任者（ＣＩＯ）、最高技術責任者（ＣＴＯ）や社長が権限を持つ領域にまで浸透している状態になっている。

最高マーケティング責任者という役職が確立されてない日本企業にとっては、自分とは関係ないことのように聞こえるかもしれないが「広告宣伝部の予算だけではなく社長決済のＩＴ予算も視野に入れる必要性がでてきた」と考えてもらうとわかりやすい。いま欧米では「ＣＭＯからＣＩＯ、ＣＴＯへ」という言葉が一つのバズワードとなっている。この言葉は「ＣＭＯ予算だけを追っていてもダメでＣＩＯ、ＣＴＯへ食い込んでいかなければ未来はない」という意味を含んでいる。

こうした予算獲得の流れが情報システム分野に近づくにつれて「マーケティング実

行におけるドライバー（軸）はクリエイティブ（アイデア）であり、データはそのインフラに過ぎない」と言いたくなる気持ちも理解できる。

しかしマーケティングの根幹がデータとは切り離せない状況になってきた昨今では、「データマーケティング思考」の経営をしている広告代理店が業績を伸ばしている。結局、広告代理店もコンサルティング企業同様「データを軸にした思考」を持つことが避けられない時代なのだ。

２０１３年にコンサルティングのデロイトが、シアトルのデジタル領域の広告代理店Banyan Branchを買収。ますますデジタル領域の扱いを伸ばしている。[18] デロイトは『アドバタイジングエイジ』の「米国デジタル広告取扱い広告代理店ランキング」で24位、売上総利益では１１０億円の規模だ。この規模は「デジタル広告に絞った売上総利益」ランキングで22位のＡＫＱＡには僅差で負けているが25位ＪＷＴ、26位ＶＭＬ、35位Possible（以上ＷＰＰ）より上だ。すべての事業を総括した「ワールドワイド」ランキングに置き換えると36位の東急エージェンシーと並ぶ規模の38位となる。[19]

一方ＩＢＭインタラクティブは「ワールドワイド」ランキングで13位に位置している。16位のアサツーディ・ケイに大差をつけて勝っていることも覚えていてほしい。

同じくコンサルティング企業のアクセンチュアもアクセンチュア・インタラクティブを２００９年に立ち上げている。２０１３年にはイギリスのFjordというデジタル領域の広告代理店を買収しＰ＆Ｇ、ＢＭＷなどとの取引をはじめている。[20]

広告業界の「コンサルティング」とは何を指すのか

広告業界での「コンサルティング」という言葉は、解釈の仕方によって三つのカテゴリーにわけられる。

①　IT系コンサルティングも含む「経営コンサルティング」。

事業ポートフォリオや事業再編成といった領域のアドバイスなどの業務を行う。代表的な会社はデロイト、アクセンチュア、マッキンゼー・アンド・カンパニー、ＩＢＭなどが挙げられる。

②　メディアビジネス、マーケティングビジネスの領域にフォーカスした「アドテクノロジーのコンサルティング」。

アドテクノロジー環境の構築から、オーディエンスデータの分析、活用などのアドバイスをする。テクノロジー企業やメディアバイイング／プランニングに強い広告代理店などが、コンサルティング業務のユニットを作る流れもあり①との境目がなくなってきている。

③　昔からある「サーチコンサルタント」と言われる、広告代理店を「選定」するためのコンサルティング。

例えば「1業種1社制のもと１００億円予算の新しい広告キャンペーン用に新しい広告代理店と3年間契約を結ぶ」となった際、サーチコンサルタントが広告主の広告代理店「選定」を半年がかりでコンサルティングをする。この領域のコンサルタントは①、②とは対象外なのでここではふれない。

広告代理店傘下には注意

広告代理店傘下にある「コンサルティング」の場合、広告主は少し注意が必要だ。アップフロント（先物予約）で広告枠を買い占めている広告代理店の傘下では「広告枠を売るためのコンサルティング」をするコンサルタントも出現しかねない。あくまで①のコンサルティング企業に代表される「外部」コンサルタントこそが「メディア・アグノスティック（Media Agnostic 中立の意味）」の立場で「広告枠売買」という欲求に振り回されない存在になれる。**エージェンシーの名前が冠にあるコンサルティング企業は、ほぼ「広告枠売買」への「呼び水」「撒き餌」であると考えてよい。**

広告代理店傘下のコンサルティングは広告主の事情次第なので、よい悪いの判断は一般論では語れない。ただ、コンサルティングという言葉が持つ「ニュートラルなイメージ」に惑わされないようにしたい。実際、キンバリークラーク、ケロッグなどの消費財企業は広告代理店をあくまで「テクニカルコンサルタント」として雇い、広告代理店側の広告運用・配信チームを使わずに、自社プラットフォームを運用している。このような「使い分け」のケースもいくつか見受けられる。

広告代理店の位置関係

　図13はメディアが保有するオーディエンスデータと、広告主が保有する顧客データ、売上データなどの一次データを「アドテクノロジー企業」が介在してマージさせていることを表している。

　この流れにおいて広告代理店の立ち位置は、縦の線の外側にあり、メディア側にも広告主側にも関われない立場となる。データに関してはアドテクノロジー企業の方がしっかり自社に蓄積できている。例えば広告代理店は個別のCRMデータを広告主から預かり、リターゲティング広告を発注、運用することはあっても、売上データへアクセスするところまでの権限は任されていない。

図13：メディア、広告主双方と関われていない広告代理店

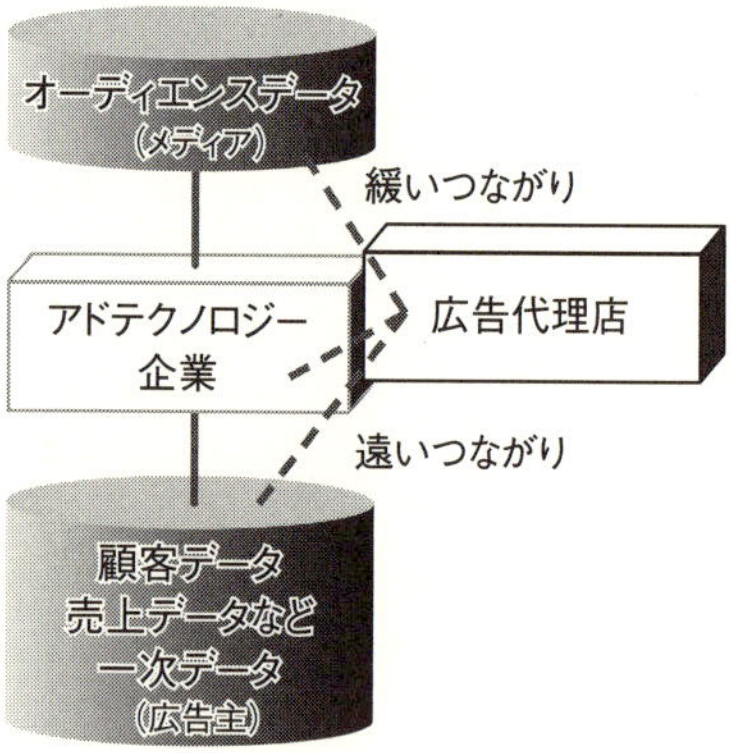

コンサルティング企業の立ち位置

コンサルティング企業の場合は広告主の顧客データ、セールスデータなどへの実データアクセスに加え、図14（1）のように経営者トップとの強いつながりを持つ。（2）のメディアのオーディエンスデータへのアクセスも広告主とアドテクノロジー企業経由で入手でき、さらに広告代理店機能の買収によって人的クリエイティブサービス部門を社内に取り込めれば、広告主のツボを心得たブランディングとP&Lを満たす施策が打てる。広告在庫に振り回されることがないニュートラルなコンサルティングが可能だ。

図14：経営トップと強いつながりを持つコンサルティング企業

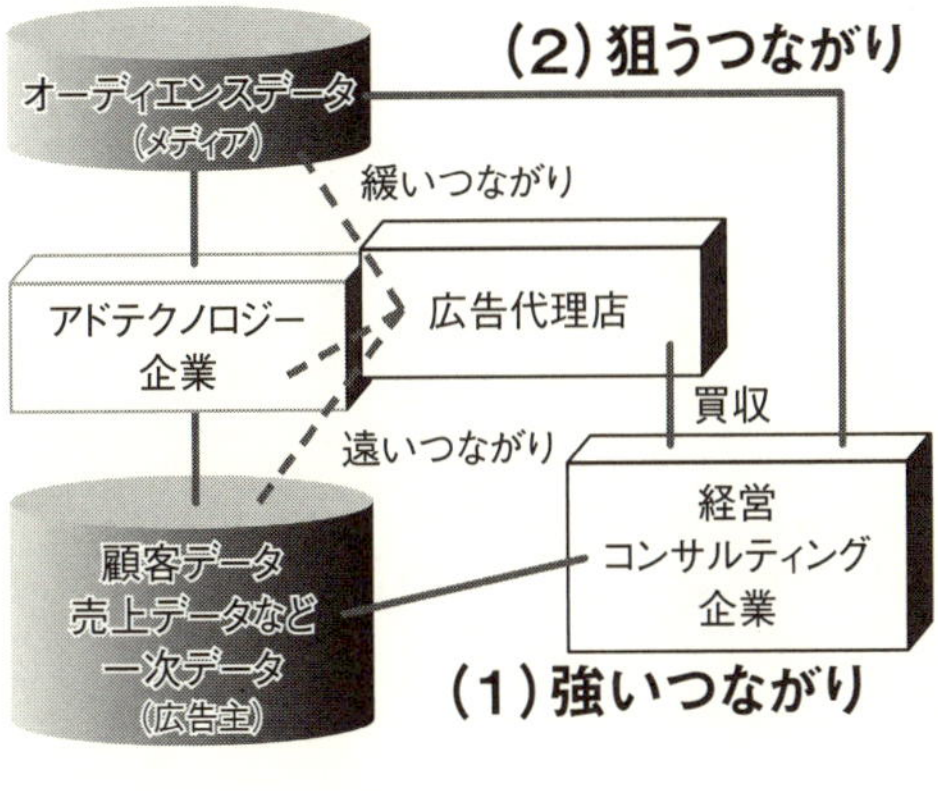

ホールディング会社の戦略

ホールディング会社はこの状況に対抗すべくアドテクノロジー企業を買収し、傘下へ取り込んでいるのは前述の通り。そしてプレミアムな広告枠を持つメディアへ資本力で近づき、良質なオーディエンスデータを自社内に抱えこむ戦略を取っている。

図15囲み枠のフォーメーションで広告主へコンサルティングの立場として一次データへ近づければ、ビジネスチャンスが拡大すると目論んだ。一方、プレミアムなメディアとはいえ、アービトラージで利益を上げようとする考えを持つ以上、広告主は自社の基準を持って接する必要があるだろう。ホールディング会社の中でコンサルティン

図15：良質なオーディエンスデータを保有しコンサルティングの立場で近づく

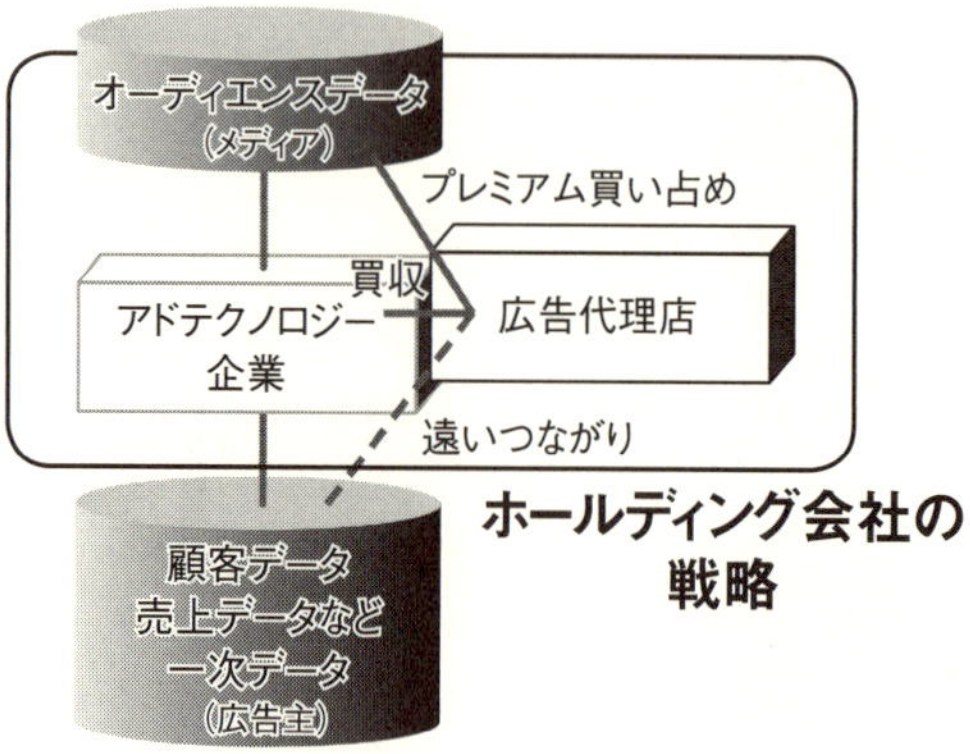

グ部門を立ち上げた例は次のとおりだ。

- Starcom MediaVest（ピュブリシス）：Zero Dot　マーケティングエリア中心、P&Gを担当。
- Zenith Media（ピュブリシス）：Apex　メディアコンサルティング中心。
- Ogilvy（WPP）：Ogilvy Red P／L収支別のユニット、グローバルアカウント中心。
- WPP：Group M Consulting Service　広告、マーケティングフォーカスのコンサルティング。
- WPP：Acceleration 広告主とメディア両面のコンサルティング。
- インターパブリックグループ：Unbound プログラマティック、アドテクノロジーコンサルティング。
- R／GA（インターパブリックグループ）：R/GA Business Transformation Group　12人の社内チーム、10のグローバル広告主を持つ。

「広告代理店」という言葉の響きや商取引形態のままでは、コンサルティング業には相応しくなく、おおむね別ブランド名を設定している。これらの広告代理店グループの中に存在するコンサルティングの仕事で1ドル取引が生まれればその後に3から4ドルの「紐付き風下広告予算」があると言われている。簡単に言えば「別腹予算」だ。こういった背景からも広告代理店の風上への進出はうなずける。共通して言えるのは、アカウントが複数国に及ぶグローバル広告主への対応措置であり、グローバル対応ができないと勝負にならないのだ。

広告代理店の報酬体系トレンド

ご存じのとおり日本の広告代理店は儲けの指針として、案件に対してかかる人件費や固定費にもとづいて計算する報酬体系である「フィー」よりも売上や「コミッション（手数料）」を重視する。売上高とその利益（コミッション率）が経営の指針としてＰ／Ｌのトップラインに登場する。唯一電通はイージス吸収以前から経営計画説明書などでは売上高ではなく、売上総利益をトップラインとする資料も用意しはじめていた。

「コミッション率が10％から11％になった」「売上総利益率が改善した」という内容が社内社外で発表されるのは、経営（営業）の目線がまず「売上」主義にあるからだ。日本では「原価に（定率）利益を乗せて売上とする」課金方法しか知らない営業マンも多い。この手法（あるいはマインドセット）の欠点は、**営業マン一人ひとりが経営の重要指標である「営業利益」に責任を持てていない点だ。自分がいくらの儲けを生み出しているのか不透明なまま一生懸命残業している。**広告マンに変化が見られないのも提供している商品が旧来の「広告枠販売」の延長線であるからだろう。

新しい報酬体系が作れない理由として「広告主が変わらない限り不可能」という声があるが、それは言い訳だ。特にスタートアップ企業の方、テクノロジー企業の方、あるいは広告代理店の未来を担う若手の方には、是非サービスに見合った新しい報酬体系の構築に挑戦してほしい。

「コミッション」「フィー」ではない選択肢

図16は米国の広告代理店への報酬を「コミッション」と「フィー」別でグラフ化している。マルで囲った折れ線は「質を評価した際の報酬（ボーナス）」と考えてよい。米国ではブランドマネージャーや最高マーケティング責任者ではなく、購買部がフィーを決定する比率が高まってきている。

さらに米国ではフィーの計算方法に対して、さまざまなトライアルが行われている。考えてみれば、フィー制は労働時間の切り売りでしかない。担当ブランドや広告宣伝部に代わって「資材購買部」が広告代理店の入札を判断する傾向になってからは、人材一人ひとりの「時間給」があたかも「材料費」として定められるようになってしまった。つまり**「働いた時間=報酬金額」となり、価値が「質」ではなく「労働量」に比例する傾向になっているのだ。**広告主と広告代理店はともにここが問題だと気づきはじめた。例えば広告代理店の立場だとクリエイティブを提供するのに、5名のチームを構成すると優秀な2名よりもフィーが高くなるという現象がおきる。

質的評価をフィーへ追加

結論から言えばこのフィー評価（人件費換算）に替わる質的評価方法は、まだ登場していない。「質」にフォーカスをおいた付加価値評価モデルは、広告主ご

図16：米国広告主側調査による広告代理店への報酬体系別推移

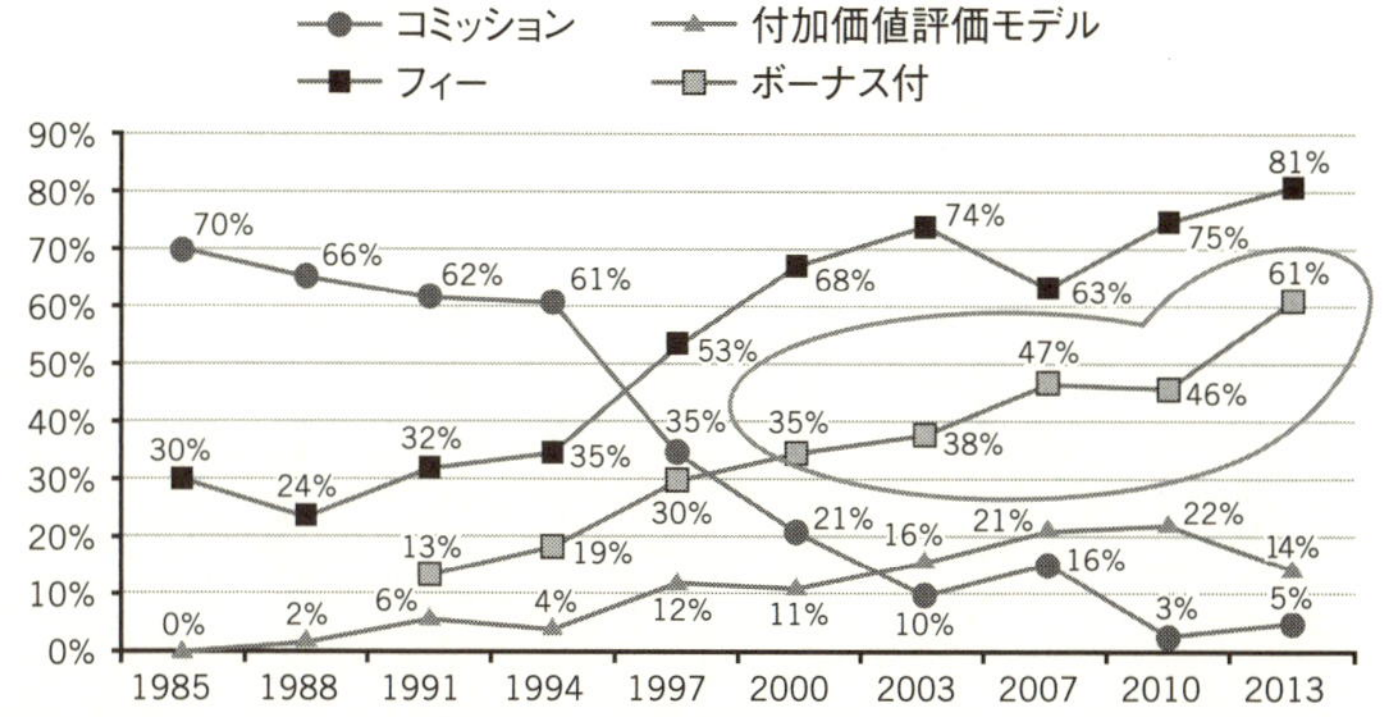

全米広告主協会（ANA）発表の調査資料をもとに筆者作成。広告主側調査による、広告代理店への報酬体系別推移をまとめている。コミッション＋フィー＋付加価値評価モデルは合計で100%。追加の項目として、「クライアント売上やKPI数値達成」に伴うボーナスを採用している比率を表に加えた（出典：全米広告主協会［ANA］「2013 ANATrends in Agency Compensation, 16th Edition Survey Results」http://www.ana.net/mkc）。

とに評価がわかれ足並みが揃っていない。一方、貢献度の計測には広告主側の手間暇がかかり過ぎてしまう。

付加価値評価モデルは一時盛り上がりを見せたが、やはりダウンすることになった。そこで評価制度を複雑にするよりも、フィーをそのまま踏襲する**成果報酬＝ボーナス方式が採用されることになる。**図16の調査に回答した6割の広告主が採用している

図16を見るとボーナスインセンティブ手法は「有効」と判断されている傾向にある。人件費や固定費にもとづいて報酬計算するフィーに対し、広告代理店がディスカウントを受け入れる代わりに協議決定した目標値を上回れば逆にボーナスがもらえる「リスク&リウォード」方式が好評のようだ。採用する広告主側にも好評なため採用比率が伸びている。

メディアコミッションの儲けをどう再投資するのか

売上総利益ではなく人件費を引いた後の「オペレーティングマージン（営業利益率）」に視点を移してみると、電通、博報堂DYは、コミッションベースが多く残りながらも実はグローバルの大手広告代理店と「遜色ない」営業利益率を残せている。日本

では馴染みの広告枠を先買いするモデルが、営業利益視点では（今のところ）上手く回っている証拠だ。

ただ、この結果は図17のアサツーディ・ケイの低迷に表れているように、図の中にいない「電博以外」の広告代理店にとってどれほどの安心材料になるのかは定かではない。インターパブリックグループも同様で図には出ていないハバス（世界ランク6位）、MDC（世界ランク9位）のことを考えれば「上位はうまくいっているが下位は不明（推して知るべし）」というのが本音だろう。独立型の広告代理店とホールディング会社として各会社を束ねる規模の広告代理店での戦略の違いは必ず存在する。

図17：各社のオペレーティングマージン比較

	2013年末（2014年3月見通し※1）	2013年上半期	2012年末（2013年3月末※1）
電通連結	※2 18.6%	14.9%	16.9%
博報堂DY連結	※2 16.2%	14.9%	15.0%
アサツーディ・ケイ連結	3.1%	7.8%	6.9%
オムニコム	13.2%	13.4%	13.4%
ピュブリシス	16.5%	15.6%	16.1%
WPP	15.1%	12.0%	14.8%
インターパブリックグループ	8.4%	4.0%	9.8%

執筆時点での各社の決算発表資料から筆者作成。各社会計発表方法が違うが、のれん償却前のEBITAに近い数字を採用（※1 電通と博報堂DYは3月締。※2 見込み、コンセンサス）。オペレーティングマージンとは営業利益÷売上総利益の経営指標であり、メディアコミッション率ではない。

６割の広告主が自社内で広告代理店機能を持つ

　広告主が自社内に代理店機能を持つ動きは日本でも起こりつつある。図18は米国広告主協会（ＡＮＡ）の２０１３年の調査の結果だ。広告主のうち、58％が自社内に広告代理店機能を持っていることが明らかになった。

　２００８年の42％から大きく数字が伸びた理由は主に二つ。リーマンショック以降の景気停滞時期に起こったコストカットの波と、データの知見・ノウハウを内部へ蓄積する必要度が高まったからだ。調査資料によると社内に代理店機能を持つ理由とし

図 18：米国広告主の自社内広告代理店機能の設置状況

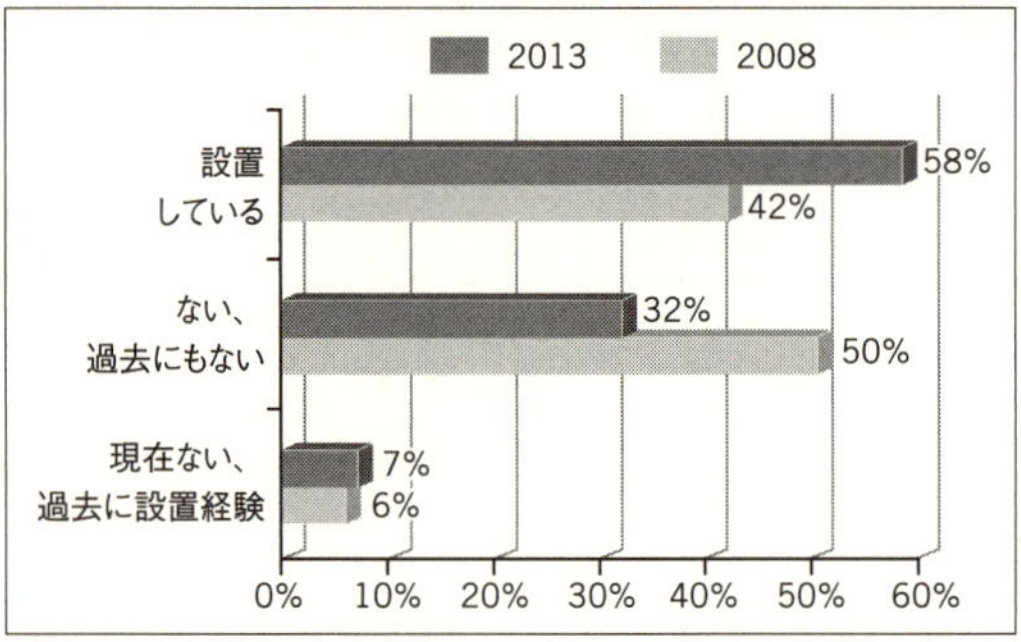

約 6 割の広告主が自社内で広告代理店機能を持っている（出典：全米広告主協会［ANA］「ANA Survey Reveals Marketers Moving More Functions In-House--Traditional Advertising Agencies at Risk of Disintermediation」2013 年 9 月 5 日 http://www.ana.net/content/show/id/26957）。

て２００８年時点では51％の企業がコスト効率の向上を挙げていたが、２０１３年では35％に落ちた。逆に「知見、ノウハウの蓄積と専門チーム作り」が41％でトップになった点が象徴的だ。

ディスプレイ広告、サーチマーケティング、ソーシャルメディアなどさまざまな手法が登場する中で、それらに自社内で対応していく動きは今後日本でも加速するだろう。この動きは「雑誌広告のクリエイティブ制作を自社内で行っていた組織にデジタル広告への対応係が増えただけ」という単純な事態ではない。

今回発表の資料にはさらに深く切り込んだ報告もある。自社内へ広告代理店機能を導入した広告主のうち56％は「広告代理店に運用型広告のオペレーションを任せ、ディレクションとデータ管理は社内のマーケターが担当する」というスタイルを取っているという内容だ。つまり広告代理店は「オペレーション」というコモディティ作業の「外注先」となりつつあるのだ。

「インハウス・ラボ」も出現

一次データを大量に蓄積しているＢ２Ｃ企業が、自社でアドテクノロジー企業を買収するための専門集団を作る動きもある。予算も確保し、買収で自社機能を増強し組織を拡大させているのだ。こうした組織を欧米ではインハウス・ラボと呼んでいる。

　世界最大の文具・事務用品販売会社のステープルズは本業とは別組織で「ステープルズ・イノベーション・ラボ」を持っており（図19）、２０１３年10月にＥコマース最適化のプラットフォーム会社Ｒｕｎａを買収した[21]。買収額は明らかにされていないがベンチャーキャピタルはＲｕｎａに10億円規模の投資をしている。

　同様にホーム・デポ（BlackLocus）、ウォルマート（Inkiru）、ターゲット、ノードストローム、コカ・コーラの「インハウス・ラボ」などもアドテクノロジー企業の買収

図19：ステープルズ・イノベーション・ラボトップページ

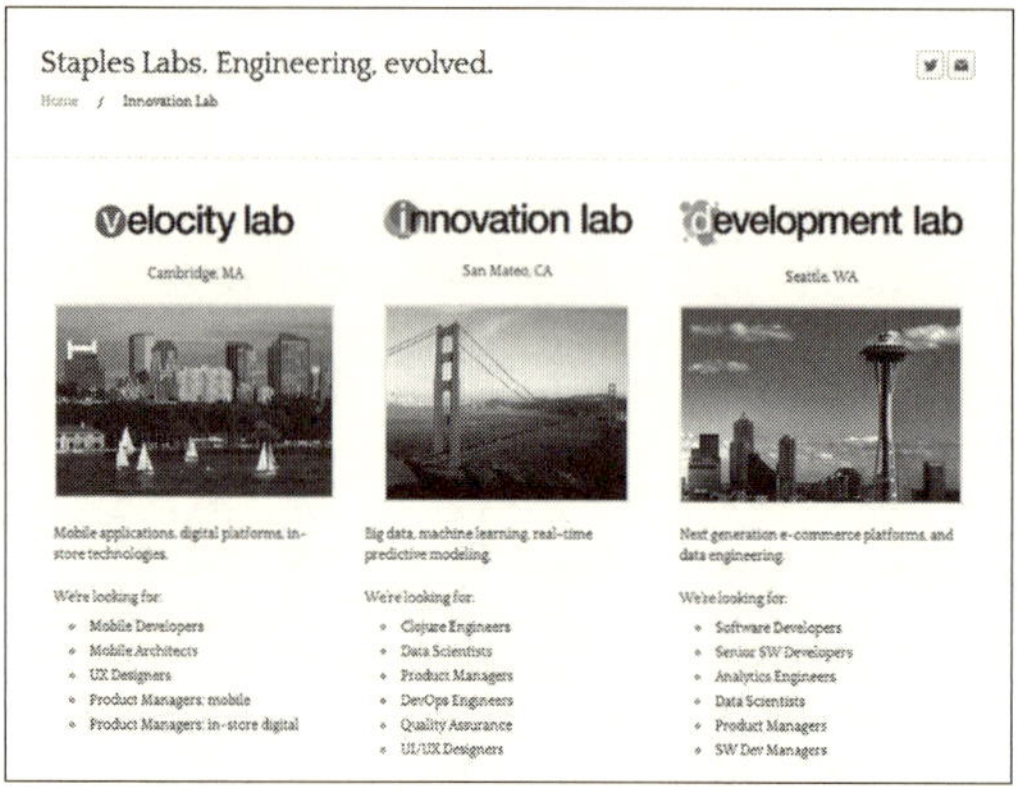

ステープルズのインハウス・ラボは３拠点ある（http://www.stapleslabs.com/）。

を行っている。

ステープルズの広報は買収のポイントを「一次データを有効に分析・活用できるテクノロジーの獲得とエンジニア、データサイエンティストの同時獲得」と公表している。ステープルズはシリコンバレー起業のＲｕｎａの買収で20代の若手50人規模のチームを獲得。そのチームはブランド資産（ロイヤリティー顧客）の育成、構築を担当している。事業のコアをイノベーション技術の追求とし、アマゾン、ウォルマートなどの「巨人」を追いかける。**広告主が「ラボ」を通してスタートアップ企業を「買収」するのは収穫ではなく「将来の種まき」なのだ。**

「ビスポークエージェンシー」も登場

広告主側のトレンドと対照的なのが、各ブランドを担当している選りすぐりの広告代理店を混成し組織する「ビスポークエージェンシー（Bespoke Agency）」の登場だ。

オムニコムのＤＡＳ（Diversified Agency Services）のような「必要とあらば傘下の会社を束にしてサービスしますよ」というプロジェクト、サービス単位で動くゆるい部署は90年代から存在していた。しかしＰ／Ｌを分離しないことには会社として機能しないことからＰ／Ｌを別にした「会社」として立ち上げている。

　Ｐ／Ｌを分離した混成会社としてはＷＰＰが対フォード・モーター向けに編成したチームデトロイトが有名だ。自動車メーカーは取扱高も大きく、「張り付く」広告代理店として図20のようになる。

　２０１３年に日産自動車はオムニコムが編成したニッサン・ユナイテッドという会社と３年契約を交わした。[22]　ＴＢＷＡとＯＭＤ（メディア）、インターブランド（ブランディング）、クリティカル・マス（デジタル）、エマネート（ＰＲ）という布陣なのだが、ＨＡＫＵＨＯＤＯの名前も発表リリースの中に存在した。[23]

図 20：チームデトロイトの構成図

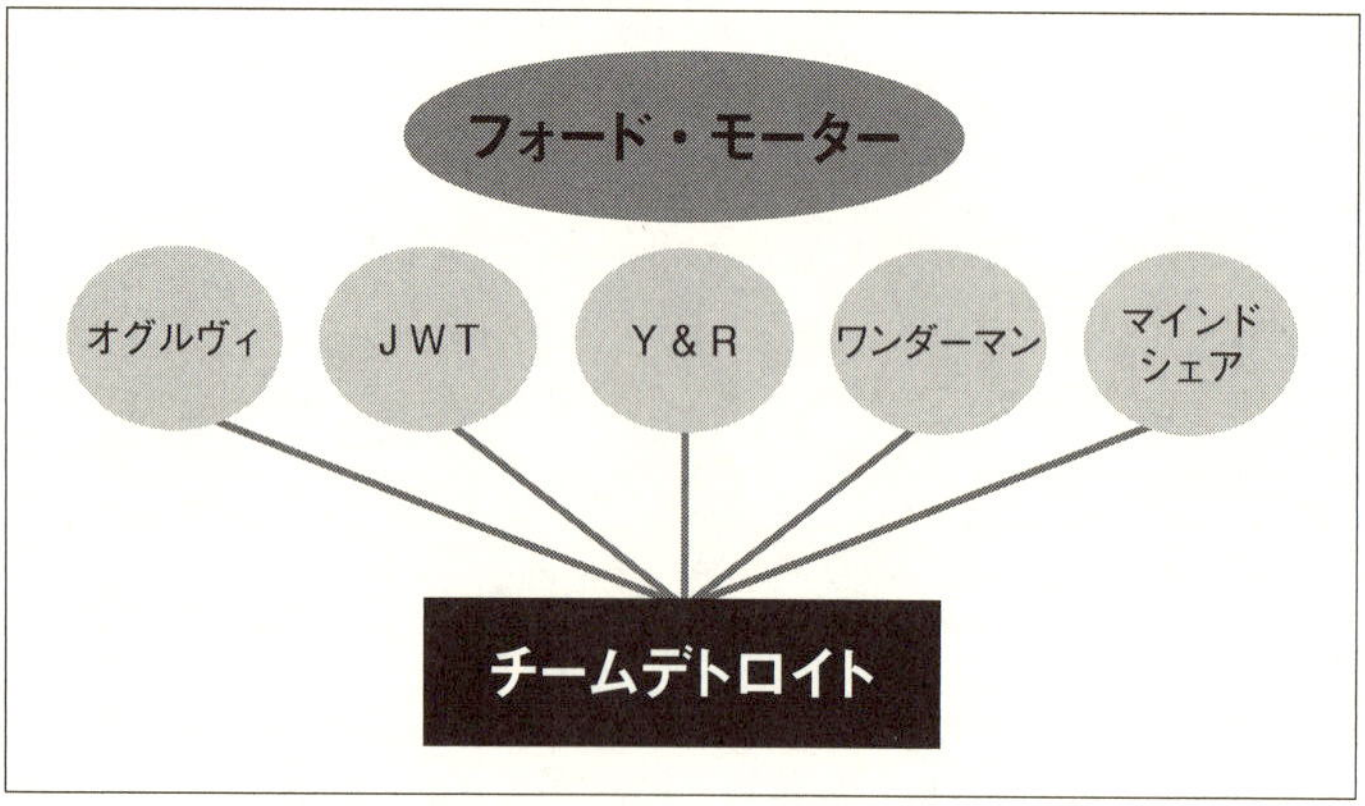

チームデトロイト：オグルヴィ、JWT、Y&R、ワンダーマン、マインドシェア、の WPP の混成エージェンシーで、P／L も管理する会社組織（出典：http://teamdetroit.com/aboutus.php）。

グローバル化するマーケター

広告主内人材のグローバル化は、広告代理店の組織体制にも影響を及ぼすはずだ。他業界に目を向ければ２０１３年末に武田製薬がＧＳＫグループ子会社の社長だったウェバー氏を２０１４年６月から社長にすると明らかにし話題となった。[24] これは突然起きた出来事ではなく、武田製薬の場合は既に執行役員11人のうち7人が外国籍の人材だった。

同様にカルロス・ゴーン氏率いる日産自動車の場合も、グローバル・マーケティング・コミュニケーションのトップ、ルードゥ・ブリース執行役員がマーケティングの最終的な責任者となっている。日産の執行役員の中には既に13人の外国人の役員がいる。

ドゥ・ブリース氏と仕事をするニッサン・ユナイテッドの「リードエージェンシー（経営やマーケティングの課題を解決し、新規事業を開拓していく会社）」は博報堂ではなくＴＢＷＡで、メインオフィスを東京ではなくニューヨークに置き、中心となる組織は50人程度で編成されている。

チームデトロイトやニッサン・ユナイテッドなどのビスポークエージェンシーの流

れは、電通のティム・アンドレー氏の取締役就任や電通イージス・ネットワーク設立の動きと重なる。広告主側のデジタル化、グローバル化へ対応した結果だ。

広告代理店経営者にデジタル＆グローバルチームを率いる素養がなくては、リードエージェンシーにはなれない。結果的にローカルな広告代理店として低単価の価格競争に巻き込まれるのを待つしかない。ニッサン・ユナイテッドでの博報堂の位置付けがまさにそれを象徴している。

第5章

明暗がわかれる日本の状況

なぜ、日本の広告代理店は欧米でつまずくのか

電通を除く日本の主要広告代理店の海外拠点の状況をまとめたのが表1だ。アジア拠点を広げ「そこそこできている」と思っていたらそれは井の中の蛙というほかない。Ｐ＆Ｇ、ユニリーバなどのグローバル広告主から見て「欲しい機能」がほとんど作られていないのだ。最終的には「日本のことだけしか（さえ）わからない広告代理店」が熟成されるという結果を招いている。現在の海外進出の意義をどの軸で評価すればよいのか、株主すらも追求していない状態なのだろう。

デジタル化とグローバル化は表裏一体と述べてきたが、グローバル化の方がよその出来事のように感じてしまうことが多い。その結果、日本の広告代理店は後れを取るどころか将来価値を生まない資産流出を加速化している。

日本に軸足を置いた考えのもとでの海外進出を取り続けていると、今後の若手のキャリア開発にも悪影響を及ぼすだろう。優秀な人材が他業種、他国に流れてしまう。この現象は経営の軸そのものがグローバル化している日本および世界全体に言えるこ

表1：日本の主要広告代理店の海外進出状況（電通は除く）

	中国	香港	台湾	インド	インドネシア	韓国	マレーシア	シンガポール	タイ	ベトナム	UAE	フィリピン	オーストラリア	ロシア	ブラジル	アメリカ	フランス	ドイツ	イギリス	オランダ
博報堂	●(12)	●	●(2)	●(2)	○(2)	●	●(2)	●(2)	●(6)	●(2)	●		●	●(2)	○	○	●	●	●	
アサツーディ・ケイ	●(9)	●(2)	●(2)	●	●(2)	●	●(2)	●(3)	●(3)	●(2)	●	●		●		●		●		●(2)
大広	●(3)		○	○				○	○	●										
読広	●																			
オプト	●		●			●(2)		●(2)								●				
サイバーエージェント								●												
セプテーニ								●		●						●				
DAC	●						●	●								○				
東急エージェンシー																				
I&S／BBDO																				
朝日広告社																				
JR東日本企画																				

厳密な線引は難しいが自社法人あるいは合弁でも出資法人がある場合を●それ以外で、孫会社、駐在事務所（法人ではなく）、資本関係の無い提携だが他人の風呂敷を借りる提携ではなく自社直接の提携を○としている。() 内数字は拠点数。電通はイージス買収により、進出国110か国、拠点数300以上となるので割愛した（2013年末時点での各社のHPや決算資料から筆者作成）。

となのだが、日本の広告代理店の内弁慶の度合いは他業種に比べて特に高いのだ。

今後はグローバル広告主が「外資」と共に「手をつないで」日本市場に参入する機会が一層増える。もちろんその中には電通イージス・ネットワーク関連の動きも含まれる。またテクノロジー企業の進出も進む。一方グローバル展開を考える日本の広告主は外資をパートナーに選ぶ機会が増える。この止まらない流れの中で、日本の広告代理店が未来への活路を見いだすためにはどのようなやり方があるのだろうか。決算資料から現状を把握しつつシフトすべき方向を探っていこう。

売上の９割を「日本だけ」で稼ぐ限界

「海外進出から30年以上経ってもいまだに日本からの売上に95％依存する状況は異常。日本の広告主の尻を追いかけているだけの海外進出を続けているようではダメだ」。この言葉は大手広告代理店の海外法人幹部が漏らした言葉だ。日本の広告代理店の「海外進出」は「日本国内の広告主の海外進出を支援する」という意味であるケースが多い。その発想での「グローバル展開」で営業利益ベースの儲けに貢献できるのかというと難しい。もちろんバランスシート上での資産増大にも貢献していない。では、現状での「グローバル展開」はどういう状況になっているのか、電通、博報堂ＤＹ、アサツーディ・ケイの業績資料を紐解いてみよう。

表２は博報堂ＤＹの２００７年３月期～２０１３年３月期のアニュアルレポートをまとめた表だ。一目瞭然だが海外売上はグループ連結売上合計内の「たったの」３％台だ。しかもこの７年間大きな伸びを見せていない。さらに博報堂ＤＹは２０１１年以降、海外における営業利益の公表を止めてしまった。本社と海外の内部取引重

複を排除し管理部門の負担などを考慮すると、２００７年から２０１０年頃の間で海外拠点では単年で少なくとも10億円単位、表中の単純計算では間接費込みで約50億円前後の重荷になっている。２０１２年には買収した米国法人ののれん代約10億円を償却計上し、投資法人を解消している[1]。

表2：海外比率は「たったの」3%台

	売上高			
	日本	海外	連結	海外/連結比
2007	1,057,158	31,285	1,088,443	2.9%
2008	1,092,531	32,171	1,118,750	2.9%
2009	1,005,210	35,457	1,033,396	3.4%
2010	894,434	27,689	917,065	3.0%
2011	905,746	30,730	936,476	3.3%
2012	940,406	37,915	978,321	3.9%
2013	1,009,072	36,359	1,045,431	3.5%

	営業利益			
	日本（A）	海外（B）	連結（C）	海外の重荷（C）－（A）
2007	26,334	53	24,454	−1,880
2008	27,609	254	25,007	−2,602
2009	20,413	352	15,016	−5,397
2010	11,777	−300	6,136	−5,641
2011	2011年から営業利益を公表していない			
2012				
2013				

博報堂ＤＹホールディングス「アニュアルレポート」2007年3月期〜2013年3月期 http://www.hakuhodody-holdings.co.jp/ir/library/ar/ より作成（単位：百万円）。

図１：グローバル領域での成長は実現できていない

グローバル領域は、重点エリア（中国・アジア地域）を中心に体制強化を進めたが、日中関係の悪化などの影響もあり、売上高前年比－３%。

グローバル領域売上高前年比

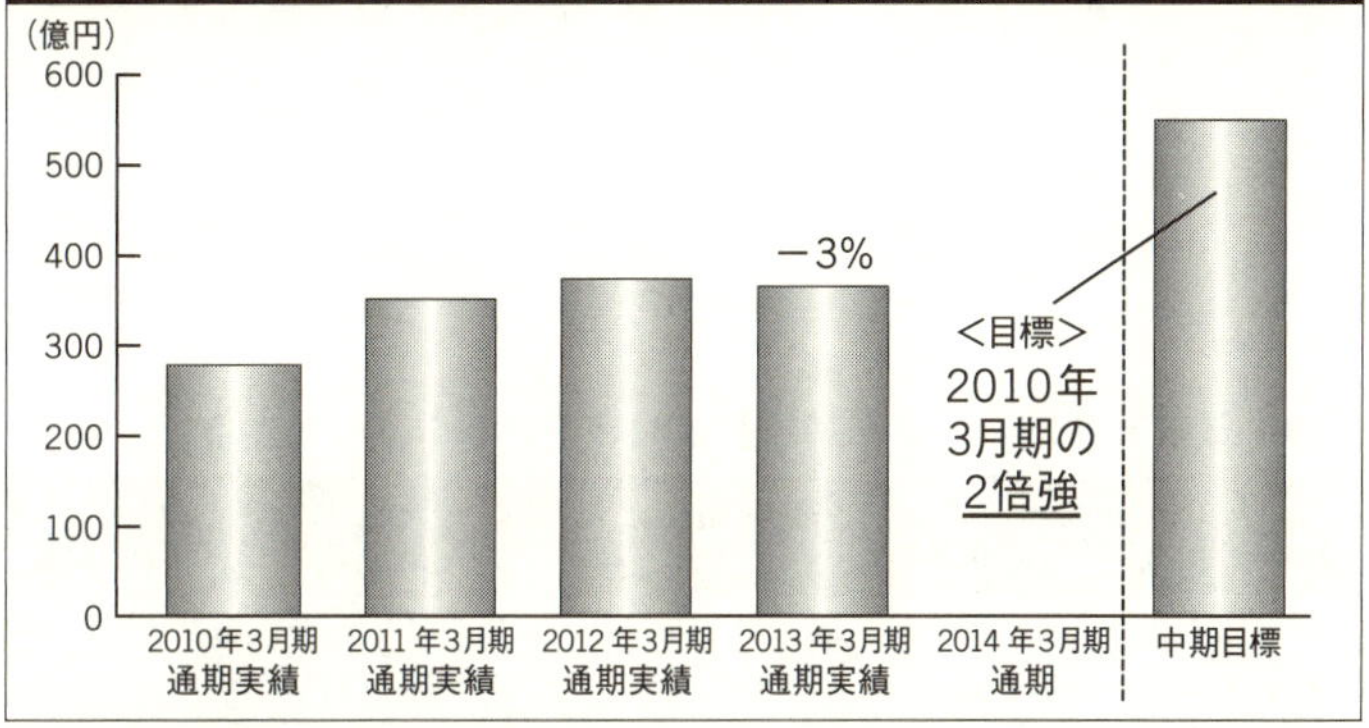

具体的な強化策

- **ソリューション提供体制の更なる拡充**
  - ＜既存広告領域＞
    - 博報堂心知広告設立（H）
    - FLP SINGAPOREと資本業務提携（Y）
  - ＜コンサルティング領域＞
    - 博報堂コンサルティング・アジア・パシフィック設立（H）
  - ＜インタラクティブマーケティング領域＞
    - lab＋開設（DAC/iREP）
    - DIGITAL MARKETING INDONESIA（仮称）設立準備（iREP）
  - ＜PR領域＞
    - Mileage Communicationsと戦略的提携（OZMA）
- **アジアパシフィック地域でのプレゼンス向上**
    - The Best of the Best advertising agency ２年連続１位（博報堂インドネシア）
    - 中国国際広告祭 金賞受賞（iST）

（出典：博報堂ＤＹ「2013年３月期　通期決算説明会資料」http://www.hakuhodody-holdings.co.jp/ir/library/document/）

次にアサツーディ・ケイ（表3）。対売上との比率で２００７年12月期から２０１２年12月期まで海外比率に大きな変化はない。営業利益では「本社日本」の営業赤字が続いていたため日本、海外の逆転現象が起きているように見える。グローバル展開以前に本体の方に課題が多そうだ。

表3：日本・海外の「逆転現象」が起きているように見える

	売上高			
	日本	海外	連結	海外/連結比※
2007	424,913	29,825	435,011	7.2%
2008	394,150	23,921	399,452	6.2%
2009	349,933	21,213	350,211	5.4%
2010	343,900	26,381	346,565	6.8%
2011	343,985	27,476	347,111	7.4%
2012	355,986	29,388	350,822	7.8%

	営業利益			
	日本（A）	海外（B）	連結（C）	（B）/（C）
2007	6,858	347	7,134	4.9%
2008	2,315	609	3,699	16.5%
2009	−1,348	514	−756	NA
2010	−1,277	1,031	22	NA
2011	2,643	1,120	3,852	29.1%
2012	1,625	1,458	3,175	45.9%

アサツーディ・ケイ「決算説明会資料」2007年12月期～2012年12月期 http://www.adk.jp/html/ir/presentation/backnumber.html より作成（海外比率＜※＞のみ同社「有価証券報告書」2007年12月期～2012年12月期 https://www.adk.jp/html/ir/securities/backnumber.html より作成。単位：百万円）。

最後に電通だ（表4）。2013年3月期はイージスの買収数字を含んでいない数字である。来期合算すると売上総利益ベースで海外比率が44%になると発表し、2014年目標は55%だ。[2] 2011年頃から「買収効果」が発揮され売上高における比率は14%まで伸ばしていた。この数字は電通が「自力で」伸ばしてきた数字とはいえ利益貢献比率は全体の10%未満であった。

表4：海外比率を着実に伸ばす

	売上高			
	日本	海外	連結	海外/連結比
2007	1,887,629	206,347	2,093,976	9.9%
2008	1,875,598	181,955	2,057,554	8.8%
2009	1,721,735	165,434	1,887,170	8.8%
2010	1,540,329	138,288	1,678,618	8.2%
2011	1,629,582	203,866	1,833,449	11.1%
2012	1,639,874	253,181	1,893,055	13.4%
2013	1,666,033	275,189	1,941,223	14.2%

	営業利益			
	日本 (A)	海外 (B)	連結 (C)	(B) / (C)
2007	57,485	4,776	62,834	7.6%
2008	55,804	253	56,126	0.5%
2009	39,257	4,067	43,184	9.4%
2010	35,828	1,535	37,323	4.1%
2011	47,393	3,702	50,937	7.3%
2012	47,976	3,877	51,977	7.5%
2013	53,431	4,789	58,466	8.2%

電通フィナンシャル・ファクトブックより筆者集計。単位百万円（出典：電通「フィナンシャル ファクトブック」2007 ～ 2013 http://www.dentsu.co.jp/ir/data/factbook.html）。

「言葉の使われ方」で意識の違いが鮮明に

続いて各社どの程度「グローバル展開」を意識しているのかを読み取るべく「海外」「グローバル」「米国」「ネットワーク」「人材」「買収」という単語の登場回数を決算資料から拾ってみた（表5）。

各社の意識の違いが綺麗にわかる。電通は「海外」「グローバル」の領域に触れる回数も高い。一方これらのキーワードが少ない博報堂ＤＹには内向きな印象が残り「グローバル」「買収」への意欲のなさが目立つ。アサツーディ・ケイが挙げる「海外」は「グローバル」「ネッ

表 5：意識の違いが鮮明にでる「言葉の使われ方」

	海外	グローバル	米国	ネットワーク	人材	買収
電通	79	33	49	38	27	44
博報堂DY	17	8	10	14	13	2
アサツーディ・ケイ	61	9	25	8	20	12

有価証券報告書内に登場した言葉（2011 ～ 2012）を数えた。「米国」は「アメリカ」「America」も含む。単位は回数。電通と博報堂ＤＹは 2013 年 3 月期、2012 年 3 月期、アサツーディ・ケイは 2012 年 12 月期、2011 年 12 月期。各レポートはほぼ均等ページ数（電通「有価証券報告書」http://www.dentsu.co.jp/ir/data/yuka_shoken/ 博報堂ＤＹホールディングス「有価証券報告書」https://www.hakuhodody-holdings.co.jp/ir/library/asr/ アサツーディ・ケイ「有価証券報告書」https://www.adk.jp/html/ir/securities/backnumber.html より作成）。

トワーク」とあまりリンクした意味ではなさそうだ。

博報堂ＤＹはオムニコムとは長期的関係を保ちつつ距離を置いている。ピュブリシス・オムニコム・グループを横目に見つつさらに独自性にこだわって孤立しようとしている。なぜ、ピュブリシス・オムニコム・グループと手を握ろうとしないのか。さらに戦略拠点を「アジア」と定めて独自の和製ツールも開発し各拠点に押し込んでいる。彼らの海外事業セグメントは、数百億円規模の事業であるはずなのにそのＰ／ＬとＢ／Ｓを開示しないままツール開発や法人開設へ投資している。

アサツーディ・ケイはＷＰＰという「親戚」がいても、グループＭを筆頭にＷＰＰ傘下企業と手を握るメリットがどこまであるのかいまだに探っているところだろう。国外ネットワークだけでなく国内すら「蚊帳の外」に置き去りにされている状況だ。ネット広告代理店３社やサイバー・コミュニケーションズ、デジタル・アドバタイジング・コンソーシアムは当然としても、電通や博報堂ＤＹも２００７年から２０１３年にかけて倍々でデジタルメディアの取扱高を伸ばしている状況だが、この間ほとんど現状維持で上位に水をあけられてしまった。表６が大手のデジタルメディア取扱高の推移だ。

表 6：大手のデジタルメディア取扱高の推移

	2012	2011	2010	2009	2008	2007	
電通単体	48,984	45,392	34,606	26,220	23,990	21,545	3月末締
博報堂単体	21,522	22,698[※1]	15,612	15,788	12,787	11,965	3月末締
アサツーディ・ケイ単体	9,024	8,276	8,913[※2]	13,115	13,467	13,506	12月末締

参考

	2012	2011	2010	2009	2008	2007	
DAC 連結売上	96,319	82,785[※1]	77,943	47,915	45,826	38,688	3月末締
サイバーエージェント連結売上	141,111	119,578	96,650	93,897	87,097	76,007	9月末締
セプテーニ連結売上	41,358	34,632	32,648	33,046	30,700	25,863	9月末締

各社決算説明会資料、アニュアルレポート、フィナンシャルファクトブックなどから作成。電通は「インタラクティブメディア」、博報堂は「インターネットメディア」、アサツーディ・ケイは「デジタルメディア」の数字を採用（電通「フィナンシャル ファクトブック http://www.dentsu.co.jp/ir/data/factbook.html
博報堂ＤＹホールディングス「アニュアルレポート」http://www.hakuhodody-holdings.co.jp/ir/library/ar/
アサツーディ・ケイ「決算説明会資料」http://www.adk.jp/html/ir/presentation/backnumber.html）。

※1　博報堂、デジタル・アドバタイジング・コンソーシアムは 2011 年に会計決算期を変更している（16 か月分計上）。

※2　アサツーディ・ケイはインタラクティブの区分変更があった。これにより前年比約 50 ～ 60 億円ほどの差が訂正されている。

海外拠点の伸び代が少ない

さらに博報堂ＤＹ（グループ３社）＋アサツーディ・ケイの海外「伸長率」を見てみると、２００７年～２０１２年まで海外ビジネス（≒アジア）の「売上高」ベースでの伸びはそもそもの市場の成長やグローバルな広告代理店と比較して事実上「後退」している（表７）。電通でも33％程度だ。

その間「外資」はアジア近辺において、ＷＰＰが１２７％、オムニコム１０１％とケタ違いで伸ばし、インターパブリックグループも44％という数字を残している。オーディエンスデータの獲得にフォーカスし、データを保有する会社を「買う」ことでビジネスのシェアを伸ばしているのだ。

表７：2007年から2012年までの海外売上高の伸び

会社名	伸び率
電通	+33%
博報堂DY	+16%
アサツーディ・ケイ	−2%
参考	
WPP	+127%
オムニコム	+101%
インターパブリックグループ	+44%

WPP、オムニコム、インターパブリックグループはアジア地域（を含むエリア）の伸び率。各社のアニュアルレポート、決算説明資料より、筆者計算。ピュブリシスは区切り変更により同地域の比較データ取れず。地域区分は各社違い、アジアと区分する会社もあれば、他の地域を含む場合もある。URL表記は複数あるためここでは割愛する。

ちなみに10年さかのぼって、電通の２００2年3月期発表での海外比率は６・５％だった[3]。この数字への評価はさておき「旧」電通手法でも、６％台から14％台へ成長させるのに10年かかっていることになる。いまのままでは「何かおかしい」と感じてもらえるだろう。

風下への「手売り輸出」志向

「生き残りをかけて」という号令のもと日本の広告主のビジネス領域の拡大にお供する形で日本の広告代理店は中国・アジア（以降まとめてアジアと略す）へ次々と法人を設立している。しかしこれは東京を中心とした営業先を、単に別の地域とする「外延開拓」しているに過ぎない。１９７０～１９８０年にかけて続いた日本流の安易な風下への「手売り輸出」志向と言える。

現地法人では採算を見込んだ日系関連案件が多いがゆえに、それらを「日々こなす」ことで、ある程度経営が「維持できる」側面がある。いや、維持できていると思い込んでいるだけで「潜在的リスクがまだ顕在化していない」状態と言える。「我がオフィスは日系を追いかけずローカル比率を高めている」と言い張る拠点もあるだろう。しかし現地法人買収のニュースもほとんど聞こえず、現地法人名もグローバルを意識しない日本社名のままで、現地代表者も日本人であることが多い。ローカルビジネスとして現地の人材が事業を育てる戦略が二の次になっている。

日本の広告代理店はまず日本の基準で他国でも仕事を進めようとする意識をなくした方がよい。日系広告主を追いかけるために80年代に構築した「日系ネットワーク」再構築のために、日本側で用意した「プール人材」をあたかも参勤交代のようにローテーションさせてはいけない。

日本側の安易な発想は現地化という掛け声のもと「日本から見て当たり前」と思う役割を現地へ押し付けてしまう。押し付けられた現地側はその役割をこなすことにだけ頭を使ってしまい能動的な施策を生み出すことを忘れてしまう。現地企業との提携すら受け身の提携となる。ＯＫＹ（お前が、来て、ヤッてみろ）というビジネス隠語は、本社から理不尽な要求が届いた際に現地側が発するボヤキだ。

日本の広告代理店は新興国への進出パターンも画一的だ。前出表1を見てもお決まりのシンガポールと中国（上海）に黒丸が集中している。その地域であれば、手売り商売の「オコボレ」にあずかれる確率が高いためだ。「成長率が高いから」「順調に成長している」と反論しても、欧米や地元の広告代理店は、それよりもさらに速いペースでオーディエンスデータへのリーチとプレミアム広告枠の確保を目的とした買収とビジネス転換でシェアを伸ばしている。電通イージス・ネットワークはポーランドのソーシャル広告代理店を２０１４年1月に買収している[4]。そういう時代なのである。

さらに歯が立たない欧米マーケット

「風上」である欧米でも日本の広告代理店は「歯が立たない」状態が続いている。日本の広告代理店は欧米の人材が「あの（日系）企業で働きたい」というローカルでのブランドがどうしても作れない。いや、自力で作ろうとするから作れないという現実に気づいていない。そのためブランド力が効く風下のアジアで気をよくしている状態なのだ。

「ベンチがアホだから野球ができない」とぼやいた野球投手が昔いたが、まじめに聞いてほしい。現在の経営陣では難しいという状況であれば、現在の30代から40代の人材こそが率先して「自分ごと」として動いてほしいのだ。前出のグローバル企業の社長たちも30代半ばから40代半ばでグローバル企業の社長となっている。デジタル、グローバルの感覚がなければ企業経営が務まらない時代なのだ。

その意味で若手、中堅の人材はこれらの事態を「自分ごと」としてとらえることが第一歩だ。新たなロールモデルとなる注目の人材となり、「このまま自前主義でよいのか」「内弁慶でよいのか」ということを是非自問してほしい。いまこそ自分のスキルの構築についてリセットして考える機会であり飛躍するチャンスなのだ。

いままでとはまったく違う策が必要

グローバル化を推進したいのであれば、まずグローバル化の名のもとに拠点を一つひとつ設置していくやり方を改めたい。本当のグローバルマーケットを目指すのであれば電通のように「まったく違う策」が必要だ。そこまで飛躍せずとも目指すべきは「セミ・グローバル」の「体質」に変化することだ。グローバル企業をそっくり手本としなくてもよいのだ。

旧来、「インターナショナル化（本社を起点とした輸出ネットワーク）」を経て「グローバル化」のステージに至るという論調もあるが、これはデジタル普及以前のアナログなやり方だ。この「インターナショナル化」こそが、軸足を日本に残し「日本から外へ」の発想を生んでしまう元凶だ。「グローバル化」とは軸足を世界に置きそれぞれの領域での成長を目指すものだ。それにいまやテクノロジーの普及で「いきなりグローバル」というステージが可能な時代であり、それに向けた「セミ・グローバル」というステージを持つことが重要だ。電通は2008年頃からの5年間がこの「セミ・

グローバル」ステージだったのだ。

多様性を重んじ、活用する

　地理的な意味での市場拡大という目的での、海外拠点拡大は終わらせるべきだ。少なくとも電通を除く広告代理店にとって地理的に市場を広げることにあまり意味はない。「海外進出＝市場拡大」の呪縛からいったん離れることだ。これは国の外を無視しろという意味ではないし、海外に拠点を持ってはいけないということでもない。**海外事業に求める考え方を「取扱高」を基準にするのではなく、グローバルの多様性を受け入れる（育む・なじむ）ことに基準を置く時代に入ったのだ。**

　グローバルでのリーチや海外拠点が必要な広告主と仕事をするなら、そのプラットフォームを既に持っているグローバル広告代理店と協業すればよいだけである。ところが日本の広告主の取扱高を増やす発想で作った拠点はその手のグローバル広告代理店との協業の発想がない。よって「自前で細々と取引先を広げる」という悪循環に陥り、細い取引先を手放さない拠点が残存してしまう。

　そもそも取引先をグローバルかつ自前で拡大するには、これまでも述べたようにまったく別次元の作戦が必要なのだ。よって「地理的な市場拡大が自社のコアとして求められているのでない」という発想を持ち、求められるのは「ベスト・イン・クラス」だということを肝に銘じたい。

そのためにまずは「姿勢」が大切だ。これは精神論ではない。各地各分野の優秀な人材の考え方や技能を広く受け入れる姿勢・態度が必要になる。アジアを見て「日本が進んでいる」と威張るのではなく、外資を積極的に「受け入れる」姿勢を持とう。「奪うか奪われるか」という小さな主導権の争いではなく、ＷＩＮ・ＷＩＮの道があることを信じて外部に対して積極的に心を開くことだ。

経営陣、ディレクター、幹部レベルがこの意識を持つ必要がある。内部人材の昇格よりも、外部人材を登用してでもこの意識を持つ人材をトップにすべきだ。現地マネジメントや優秀な社員に十分な報酬や昇進機会を提供するやり方や相場を覚え、その地域に強い優秀な人材を集めることにシフトしたい。

『アドバタイジングエイジ』ではアジア出身の広告代理店が自国社員を海外派遣する方法から、欧米系の人材登用や買収に切り替えている様子を報道している。電通のアンドレー氏も東京採用の生え抜きではなく外部からの人材だ。アンドレー氏に続き電通は電通イージス・ネットワークのジェリー・ブルマン社長を電通本社２人目の外国人執行役員として登用している。[5]

一歩先に進む韓国、中国の広告代理店

　韓国第一位の広告代理店チェイル・ワールドワイドは、長らくサムソンの専属広告代理店として海外進出を図っていた。日本の広告代理店と同様に自国の広告主を追いかけた海外市場開拓という点は同じでその結果頭打ちの状態が続いていた。２００８年より舵を切りレオ・バーネットＵＫのブルース・ハインズ氏をソウル本社のグローバル最高執行責任者として招き、さらにワイデン・ケネディー・ニューヨークよりバズ・ソイヤー氏を米国法人の社長へ迎え入れた。この流れで米バーバリアン・グループ、米マッキニーを買収。[6]韓国色を隠すためにチェイル・ワールドワイドの米国法人をマッキニーの組織内へ組み込んだ。チェイル・ワールドワイドは創業40年、本社社員数１２００人でAdage Data Center 2013年の発表によるとグローバルランキングは15位、アサツーディ・ケイの一つ上にランクインしている。

　また中国のＰＲ企業ブルーフォーカスは２０１３年12月にロンドンのソーシャル広告代理店の買収を発表した。[7]中国企業は自分たちより有能な欧米会社（パートナー）

を買収で身内に迎え入れることで「買収のためのＭＢＡホルダーをわざわざ雇う必要が省ける」と表現する。これらの例はすべて「国産」の「海外輸出」ではなくその分野その土地の英知に任せよう（取り入れよう）という姿勢の表れだ。

教育ではなく投資

日本の広告代理店にできていないことは「経営者（リーダー）」を各国の優秀人材の中から獲得することだ。そのためには買収戦略において「組織（ごと）取り込む」視点も必要だ。

単にローカル社員を雇うべきと言っているのではない。これまでのやり方はまず日本人を経営者として送り込み駐在員が現地に慣れてからローカル社員を雇い、ＯＪＴを通じて社員を教育し、育った社員を幹部として昇格させるという手順だった。これを「ローカル化」と呼んでいた。軸足が日本にあるままなので「日本が上」「海外は日本の子会社」という意識を生むやり方だ。

そうではなく、ローカルビジネスを共に開発できる意思疎通ができるリーダー、パートナーを見つけよう。適任のリーダーやパートナーが見つかった地域から投資判断をするという基準を持った方がよい。そのための「パイプライン」をしっかり築いておくべきで10億円単位の予算化も必要だろう。電通は常に60の「パイプライン」案件がテーブルにある。[8]

旧来の発想では「その地域で取引可能な日系企業があるか」「見込み客が存在するか」が進出の基準だった。ポイントは「すぐ儲かりそうなら開店しよう」という基準ではなく、「その地域のチーム・会社が魅力的なら投資しよう」という発想へ転換することだ。**育てるものは「自分（本社）の取引」ではなく、「現地のパートナー」なのだ。**

「手綱」ではなく「手をつなぐ」

日本から離れた土地で経営陣に投資する場合「リーダー、パートナーの手綱は誰が引くのだ」「暴走しないか」という心配をする声をよく耳にする。日本企業が勢いで投資を実行しそのまま沈んでしまった例は枚挙にいとまがない。博報堂ＤＹも２００３年に米国企業2社へ出資してローカルリーダーの育成を試みたが、結局拠点を（そっと）閉じてしまった。電通もいまの状態に至るまでは「茨の道」の連続だった。しかし失敗したからといって鎖国状態になってしまうのではなく、あくなき挑戦を行える組織でいたい。

そもそも「暴走を抑える、手綱を引く」という意識は、最初から「危ない」「管理する」という視点を持っているから生まれる。決してそんなことはないのだ。魅力あるビジネスを作るためにWIN・WINで実行できるパートナーは世界中に沢山存在する。本社が上で海外子会社が下というヒエラルキーを取り払い、その上で「手をつなげる」パートナーを見つけ、育てる感覚だ。

パートナー探し、進出国探しの際に進出の難易度が「高い国」「低い国」とわける必要はない。既存の発想では「日本人との親和性があるか」「商習慣・法規制が整っているかどうか」など「日本人が進出して大丈夫か」という視点にもとづいた判断が多かった。そのためアジア地域が選択肢に挙がりやすかった。

しかし発想を逆にしてみてその地方、国で成長しているビジネス、人材が見つけられたら投資するという目線に切り替えてみてはどうだろう。その際に投資先となる相手側を惹きつけられる自社（自分）の魅力（ビジョン）は当然重要になる。しかしこれこそが「参入障壁を下げる」道具となるのだ。

どのような英知・才能を結集させるのか

進出地域選びの一例として、デジタル領域に強い広告代理店R／GA（インターパブリックグループ）の例を挙げてみよう。社員数１２００人の会社だが、ナイキとの取引を持つなど『アドバタイジングエイジ』のリストではAランク（＝最高峰）の評価を得る広告代理店だ。[9]

もしあなたがR／GAの経営者なら次にどこの地域への法人設立を考えるだろう。日本式ならカナダかメキシコだろうか。R／GAの回答はロンドンの次にブエノスアイレス（アルゼンチン）、サンパウロ（ブラジル）、シンガポール、ブカレスト（ルーマニア）、ストックホルム（スウェーデン）、シドニー（オーストラリア）。そしてようやく上海へと拡大した。

近さ、市場規模、言葉…などは基準の一つにすぎないのがわかるだろう。その地域にR／GAと共感できる人材・チームが居た場所に投資したのだ。しかもこの2年ほどの間に。

マイアミに本社に置くクリスピン・ポーター＋ボガスキー（社員数約１０００人）は、ロンドン、ゴテボルグ（スウェーデン）、ボルダー（コロラド州）、サンタモニカ（カリフォルニア）と続き、現在サンパウロ（ブラジル）を検討中だ。どうしてスカンジナビア地域とロッキー山脈なのか興味あるところだ。

これらの例は「海外オフィスを設置する」ことそのものが目的ではなく、**ネットワークを介し多彩な英知をデジタル上に結集することが目的となっている。**多様性のある拠点を持ち、拠点の機能を一つに統合させることを広告代理店のコアにシフトさせている。

Ｒ／ＧＡは世界中１２００人の社員が、常時ブロードバンドによるビデオカンファレンスを使いこなす。ロンドンのプロデューサーとサンパウロのデザイナーとブカレストのプログラマーがつながることができる。協業経験のない部署を組み合わせ新しいユニットも作れる。さらに個人のキャリアチョイスも広がることが期待できるという新しい広告代理店の仕事のやり方だ。本社主軸の規模拡張ではない。すべての拠点が、本社に振り回されないでローカルのビジネスをきっちり育てている。

外の発想を受け入れれば風景が変わる

国外に進出することだけが事業拡張の機会ではなく、外からの流入を内側に受け入れる体制を作ることも事業を伸ばす方法としてあるはずだ。例えば、Ｉ＆Ｓが２０００年にＩ＆Ｓ ＢＢＤＯとして新しいスタートをきった決断はＩ＆Ｓと顧客の視点から見れば十分スマートな考え方だった。米親会社のディスクロージャー・ポリシーにより売上データが日本単体では公表できなくなったので、日本のランキングからＩ＆Ｓの名が消え新卒や人材が採用しにくくなったという噂は耳にしたことがある。しかしいまや巨大グループとなったピュブリシス・オムニコム・グループの傘下となっている。

日系会社を「外資へ売却しろ」と煽っているわけではなく、日本の広告代理店にグローバルでの戦略例として、かつ有効な戦略の一つとして外資の内部取り込みを積極的に検討してもらいたい。Ｉ＆Ｓは掛け声だけの「海外」「グローバル」へ自己資産を投下しなかった。その代わりピュブリシス・オムニコム・グループのプラットフォームとグローバル広告主を日本市場に浸透させることに特化できる立ち位置を得た。社員数４００人規模の企業としては十分に考えられる戦略だ。多様性を受け入れる意識、それを有効活用する姿勢の結果だろう。今後のピュブリシス・オムニコム・グループ、Ｉ＆Ｓ ＢＢＤＯには期待したい。

外資広告代理店だけが手を握る存在ではない。例えば近年日本への進出、もしくは進出を予定している会社の中にはピンタレスト、ソーシャルコマースのＦａｂ、個人の空き部屋の貸し借りを仲介するプラットフォームのＡｉｒｂｎｂ、ハイヤー配車アプリのＵｂｅｒ、音楽ストリーミングのＳｐｏｔｉｆｙ、スマートフォン決済のＳｑｕａｒｅなどユニークな事業を手掛ける会社が多い。

広告、マーケティング支援事業へ絞っても、沢山のアドテクノロジー企業が進出ししている状況であり、電通、デジタル・アドバタイジング・コンソーシアムあたりが能動的な協業を模索していると感じられる。まずは自分たちが変わり外へ心を開くことで、大きな成長機会を掴むチャンスがあると気づいているのだろう。

外資系ネット企業から人材逆採用

グーグル、フェイスブックなどの外資系ネット企業を経験している人材は、グローバルビジネスとローカルビジネスの勘所を知りつつ、テクノロジーにも強いという強みを持つ。システム系、データアナリスト系もこのカテゴリーに多く含まれるが、これらの人材が広告代理店を選択する機会が非常に少ない。そもそもこういった人材にとって広告代理店は「範疇外」と判断されるケースが多い。つまり広告代理店にとっては欲しい人材が「流出」している状況だ。リクルーティングシステムと報酬システムを戦略的に構築しておかなければ、テクノロジーとグローバルビジネスに精通した人材をみすみす逃す事態を招く。これらの人材を採用しやすくするためにも「内弁慶」な姿勢は禁物だ。

「才能ある個性を受け入れるために多様性を重んじる」「外資を受け入れる開かれた姿勢」は決して精神論ではない。日本の広告代理店にとって「必要な戦術」だ。海外現地法人の業績を回復させるための処方箋ではなく、新しいマネジメントのあり方だ。次世代型の広告代理店とそこでキャリアを築く人材にとってスタンダードな考え方となるのである。

第6章

次世代型広告マンに必要なスキル

R／GAが定義する次世代スキルセット

『アドバタイジングエイジ』がAランクと評価するデジタルエージェンシーのR／GAが定義するスキルセットを参考に、次世代広告マンに必要なスキルを考えてみたい。R／GAの場合、図1のようなスキルセットとなっている。

これらのスキルセットが備わることでの対応業務は次の10個となる。

① プラットフォーム／アプリ開発
② キャンペーンデザイン&実施

図1：R/GA スキルセット

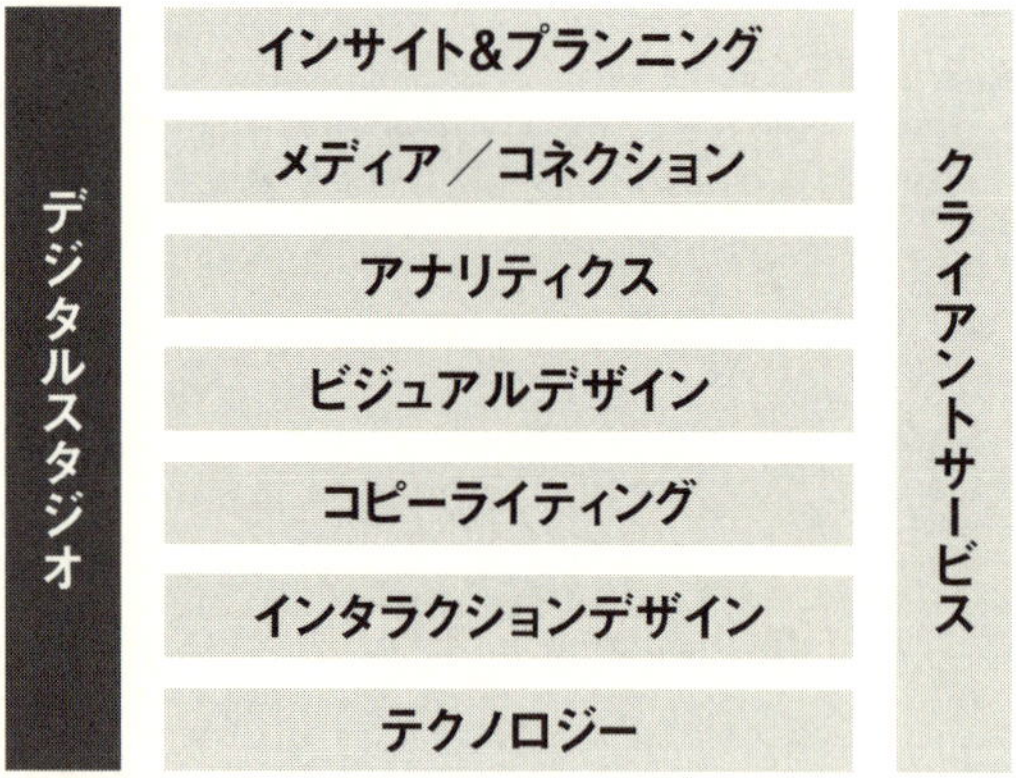

③　デジタル広告
④　リレーションシップ・マーケティング
⑤　Eコマース
⑥　システマティックデザイン
⑦　ブランド開発
⑧　モバイル
⑨　ソーシャル
⑩　リテール

　これを見ると昔からある米国流のアバブ・ザ・ライン、ビロウ・ザ・ラインという領域にわけ、ブランドコミュニケーションとプロモーションを別々に行うというやり方は、デジタル領域ではまったく古いモデルになっていると感じる。

　一方スキルセットは従来のペイドメディアの広告フォーマット内で表現するクリエイティブとは違い、トリプルメディアを想定しており、サービス開発やビジネス開発も対象になっているのがわかる。日本の総合広告代理店の組織、スキルセット、対応業務を照らし合わせて解説していこう。

プランナーはデータマーケティングと向き合えるか

「インサイト&プランニング」は、カスタマージャーニーデータや対象者とインタビュアーが相対《あいたい》し、基本1対1で対話をしていくデプスインタビューなどの手法を使った定性調査から仮説立てを行い、コミュニケーションコンセプトを創出することだ。職務としてはマーケティングプランナーや戦略プランナーにあたるだろう。

R／GAとは違いテレビ広告などのクリエイティブ制作などがメイン業務である日本の総合広告代理店においては、仮説立てした顧客インサイトをデータマネジメントプラットフォーム（DMP）などのデータから立証し、ターゲットの琴線に触れる文脈が何かを明示することが求められる。これをもとにクリエイティブコンセプトが構築されることになる。

第1章でも述べたがこれまでの広告代理店のプランナーがやってきたことは、これからのデータマーケティング時代でも活かせる。そのエッセンスは絶対に必要なのだ。

その理由の一つは先にも述べたように定性調査をベースにした仮説設計力が求めら

れるからである。いくらビッグデータが存在しても単にたくさんのデータがあるだけでは意味がない。そのデータの大海原からどういう切り口での分析をするとよいのか、という仮説立ての能力がない限りデータの洪水に溺れてしまうだけだ。

消費者と相対しその消費者本人も自覚していない感情、意識を読み取った深い考察からの仮説構築力は、ビッグデータ時代になればさらに必要とされる。つまりビッグデータを活用するには、従来以上にしっかりした定性調査が必要となる。その代わり２００～３００サンプル程度の定量調査には意味がなくなり、全数データでの定量調査が定着する。

データマネジメントプラットフォームの重要な機能に、カスタマージャーニー分析（ユーザーの行動文脈にもとづいた分析）による顧客の洞察があるが、これは広告代理店がここ10年くらい一生懸命主張してきた「消費者インサイト」をプランナーの属人的な能力で仮説立てするだけではなく、ビッグデータを使って立証することと言える。

すなわち広告代理店のプランナーには仮説立てとその立証までをデータマネジメントプラットフォームを駆使して分析し、データをインテリジェンス化するスキルが求められる。これまでは仮説の「言い切り型」だったが、今後はカスタマージャーニーデータからの「文脈発見型」のマーケティングが必要なのだ。

そして「インサイト&プランニング」という職務を担う人材は「アナリティクス」との強い連携が必要となる。「アナリティクス」は、いわゆるデータサイエンティストであると同時に定性調査を設計実査できるスキルにあたる。広告代理店のプランナーがデータマーケティングとどれだけ向き合い、ビッグデータ分析を自分たちのスキルに取り込めるかが、広告代理店の将来にとって一つの試金石だ。

一方、広告代理店の中にデータサイエンティストはほとんどいないので、外部から人材を獲得しなければいけない。理系新卒の積極採用も必要となるだろう。広告主に人材を獲得されるばかりでなく、広告代理店側が広告主側の人材の獲得を頑張らないといけない。

「インサイト&プランニング」の価値を最大化させるためには、データ分析の結果をコミュニケーション設計や商品開発にどう落とし込めるのかが重要だ。特にデータから発見した消費者インサイトを広告クリエイティブ制作へ連携することができるのかが、プランナーの命運をわけるだろう。

さらにクリエイティブの良し悪しは、常にデータで評価されるので、プランナー自らＰＤＣＡ作業に首を突っ込んでいかなければならない。「手離れが悪い」と言って関わりたくないのであればその仕事から去るのみだ。

データから顧客の琴線に触れる何かを発見して、クリエイターと共同開発し、かつ効果測定データをもとに改善プログラムを設定できる。こういう発想と行動ができるプランナーが主導権を握るのであれば、彼らは次世代型広告代理店のキーマンとなるだろう。

臨機応変な広告キャンペーン進行

従来から広告キャンペーンに関する調査は、キャンペーンが終了してから実施されるものである。一連の広告キャンペーン活動の成果として、認知や購入意向がどう変化したのかを確認することなので当然だ。しかしこれでは「把握できた」としても「打ち手」にするのは「来年の広告キャンペーンで」ということにしかならない。

実施中の広告キャンペーンをリアルタイムで把握、最適化できるようになればよいのだ。プログラミングやゲーム開発プロセスに「アジャイル型開発」というモデルがあるように、消費者の反応がデジタルデータで瞬時に把握できる。広告キャンペーンの消費者反応、効果をリアルタイムで測定しながら、施策を修正することが次世代型の広告キャンペーン進行である。それには、リアルタイムで把握すべき重要な指標を数種類に絞り込んで、その指標の閾値によって基本的な対応策を事前に決めておくことが重要である。

ブランドコミュニケーションに対する消費者反応をツイッター、フェイスブック、ブログなどで見ることもしばしばある。消費者とのコミュニケーションを上手にこなすと他の多くのユーザーへの強いメッセージになる場合もある。

そのために予算設定とその消化の考え方を従来と変える必要がある。事前のプランどおりにすべての予算を使い切ってしまうと、もし消費者からのメッセージに応えたくても既に予算がないということになってしまう。

総予算の1割ぐらいを予備予算にあてて、臨機応変な広告キャンペーンに対応できる準備をしておくべきだ。ブランドコミュニケーションとは、消費者とのインタラクティブなコミュニケーションであるという意識を持ってプランニングしなければならない。

広がり続ける対象領域への対応

「メディア／コネクション」はターゲットとの各接点（コンタクトポイント）の設計

を行うスキルである。これまでの総合広告代理店のメディアプランナーとは意味合いが違う。この職務を担う人材は、ＳＰプランナーやメディア開発実績のあるプランナーが該当するだろう。

そして、この仕事で重要なのがこれからコンタクトポイントはイコール、データ収集ポイントであるということだ。オフラインからオンラインへというオフライン・ツー・オンラインは、顧客データを取り込むための施策である。さまざまな接点でのコミュニケーションと同時にデータ収集を試み、それをもとに他の接点でのコミュニケーションを仕掛けることを企画できるメディアプランナーでなければならない。

次世代クリエイターは突然変異で生まれる

「ビジュアルデザイン」「コピーライティング」「インタラクションデザイン」はクリエイティブの再編を意味する。グラフィック、ＣＭ制作などのいわゆる「広告クリエイティブ」のスキルとはまったく別物のスキルである。

筆者はよく従来型の広告代理店のクリエイターとネット広告代理店のクリエイターの違いを野球に例えて表現する。従来型の広告代理店のクリエイターはホームランバッターでいつもバットをぶんぶん振り回すがホームランでも三振でも、どうしてそうなったのか検証しない。一方、ネット広告代理店のクリエイターはバント職人だ。バットの角度を1度ずつ調整してボールの転がり方の変化を見極めることで、出塁率がどう向上するのかしか考えない。

従来型の広告代理店が長年培ってきたクリエイティブとは、コンセプトワークからはじまる。発想をいったん広げてコピーの１０００本ノックをやってから収束、収斂させていく。ホワイトボードにコピーを目一杯書き散らし、キーワードを書いたカードを貼りまくる。

一方ネット広告代理店が扱う商材は検索連動型広告やバナー広告なので、広告文やバナーの中という「ＰＣの画面」のしかも「一定の枠内」での作業となる。そしてクリエイティブ内の画像や映像の撮影をする経験も少ない。これではクリエイティブとは言えず、正確に表現するならありものの素材の最適化、つまり「クリエイティブ・アダプテーション（順応・調整）」にすぎない。

広告クリエイティブを作ってきた総合広告代理店もターゲットがそれに反応したのかを検証する術がなかったし、そういう文化もなかった。同一商品のクリエイティブは、広告主と広告代理店の作り手が飽きると新しく作り変えてしまう。ターゲットの感情や商品の浸透度合い、反応を検証することがないので、こういった勘と経験による判断にもとづくしかなかったのだ。実はほとんどの場合、ターゲットは飽きていないどころか認識もしていない。

メディアマスのジョー・ザワツキー社長は次世代クリエイターについて『ニューヨーク・タイムズ』でこう言及している。

「次世代クリエイターの素養はデジタル時代の流れを知っている人材、つまり、1000のアイデアを創出しデジタルに乗せ、どれが上手く引っかかるのか試し、分析できる素養の持ち主[1]」
(Mr. Zawadzki said the future for creative talent would be "to come up with thousands of ideas, put them out there and see what works.")

総合広告代理店が得意としてきたアイデアの創出とネット広告代理店が得意とするデジタルでの検証は違う文化である。しかしザワツキー氏も指摘するようにこれからのクリエイターには双方のスキルが求められることは間違いない。

その際にお互いにそれぞれのよいところを吸収しスキルセットを確立する方法と、求められるスキルセットを絵に描いてゼロから育成する方法がある。後者はスキルを確立した一人の人材に依存し、むしろまっさらな人材への伝授を試みるということである。

しかしこの場合は一人のスキルを確立した人材が、自身のスキルがどう育成され確立されていったのかを棚卸し、他の人が同等のスキルを形成できるような設計図を描かなければならない。そのためには、確立した知見とスキルをいったん要素分解することになる。

筆者はお互いのよいところを持ち寄るだけでは新しいスキルセットは確立できないと考えている。そんなに簡単なことではないのだ。一人の優秀な人材の中で融合が行われ突然変異が起こる。そこから新種は生まれるのである。

デジタルを中心に考える

職人気質でやってきた従来型の広告代理店内のクリエイターは師匠と弟子の関係であって、トレーナーとトレーニーではない。では将来のトレーナーとなる「新種」はどういう環境で生まれるのだろうか。それにはまず、分析数値に関わるプランナーとタッグを組むことが欠かせない。

従来の広告代理店のスキル開発は縦割りでメディア、クリエイティブ、マーケティング、ＳＰなどの部隊に所属しその中で行われていたが、次世代型広告マンのスキルセットはいままでを「リセット」することなので、いったんデジタルを中心に置いて既存のすべてのスキルセットを棚上げすることからはじまる。

その時、クリエイターは、常にすべてのスキルセットに関わることが求められる。効果検証可能なデジタル広告において良質なクリエイティブの作成および改善が、広告効果を最大化する一番大切な要素であり、中心的な存在になることが求められるからだ。

次世代型クリエイターに求められるスキルのもう一つの方向性は「クリエイティブ」のとらえ方を広げ「コミュニケーションプランニング」領域まで拡張させることである。近年、広告代理店が主張した概念の一つが「コミュニケーションプランニング」だ。その影響でコミュニケーションプランナーという職種を設ける広告代理店はこの10年ぐらいでかなり増えた。

しかし仮にコミュニケーションプランニング局という部署を作ったとして、どの部門に置くのか判断することは大変難しい。クリエイティブ部門、マーケティング部門、はたまたアカウントプランニング部門として営業のフロントラインに近いところに置いてみたり…。このような試行錯誤が繰り返されていたが、結局はしっくりこないのだ。

それもそのはずだ。「広告」より「コミュニケーションプランニング」の方がはるかに大きな領域の概念だからだ。「広告枠販売」を目的として組織が編成されている広告代理店の中にうまくハマるはずがない。

「広告」「PR」「コンテンツ」…。コミュニケーション可能な手段すべてを駆使して、コミュニケーションを設計するわけだから、コミュニケーションプランナーと呼ばれる人材は、「あらゆるメディアに関する知見」「深いブランド理解」そして「消費者洞察力」ほか、多様な施策設計とその効果検証法に長けている必要がある。こうしたスキルセットがマス広告を売るために発展させてきた縦割りの職種・スキル構成で成り立つ広告代理店の中にうまく編成できないのは当然だろう。

　トリプルメディアという概念が登場して久しいが、昨今は「ペイドメディアから発想するのではなく、オウンドメディア／

図2：P→O→EからO→E→pへ

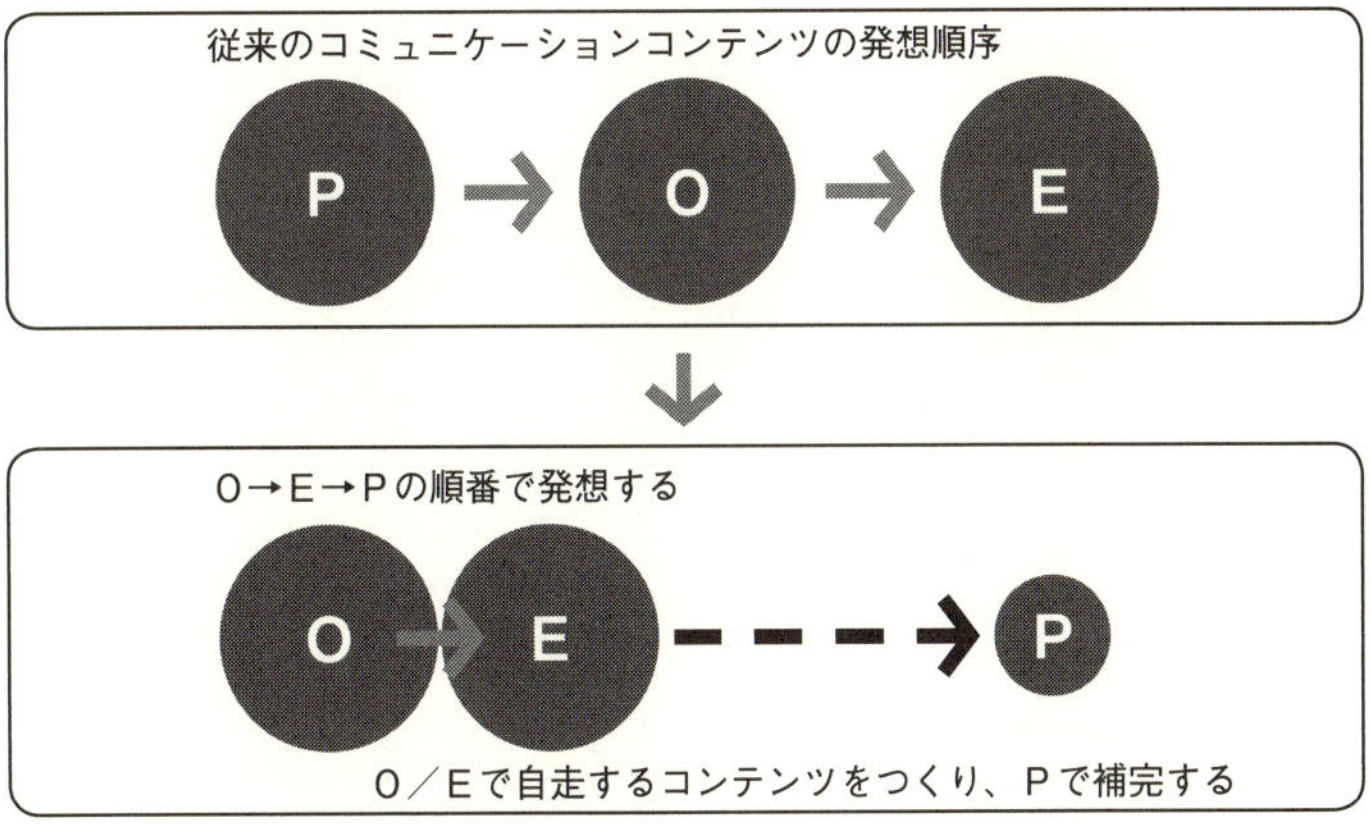

アーンドメディアから発想してペイドメディアで捕捉」という考え方もでてきた（図2）。それぞれの頭文字をとるとP→O→EからO→E→pへとなりpが小文字なのは主役ではないためだ。これは今後コミュニケーションを設計する上で前提となる考え方となる。

さらにコミュニケーションプランニングが扱う範囲はペイドメディアだけではなく、戦略PRにおける「情報クリエイティブ」、さらに「従来の広告という枠」を越えてなんらかの「コンテンツ」を企画、制作、実施することを指す「ブランデッドコンテンツ」にまで広がる[2]（図3）。さらにコミュニケーション目的を達成するための方法論は映像や読み物だけではなく、消費者へのサービス開発や新たなビジネス開発へと拡張している（図4）。従来の「広告ビジネス」という枠を超えた発想を持つクリエイターが求められているのだ。

図3：新しいマーケティングコミュニケーション開発の視座

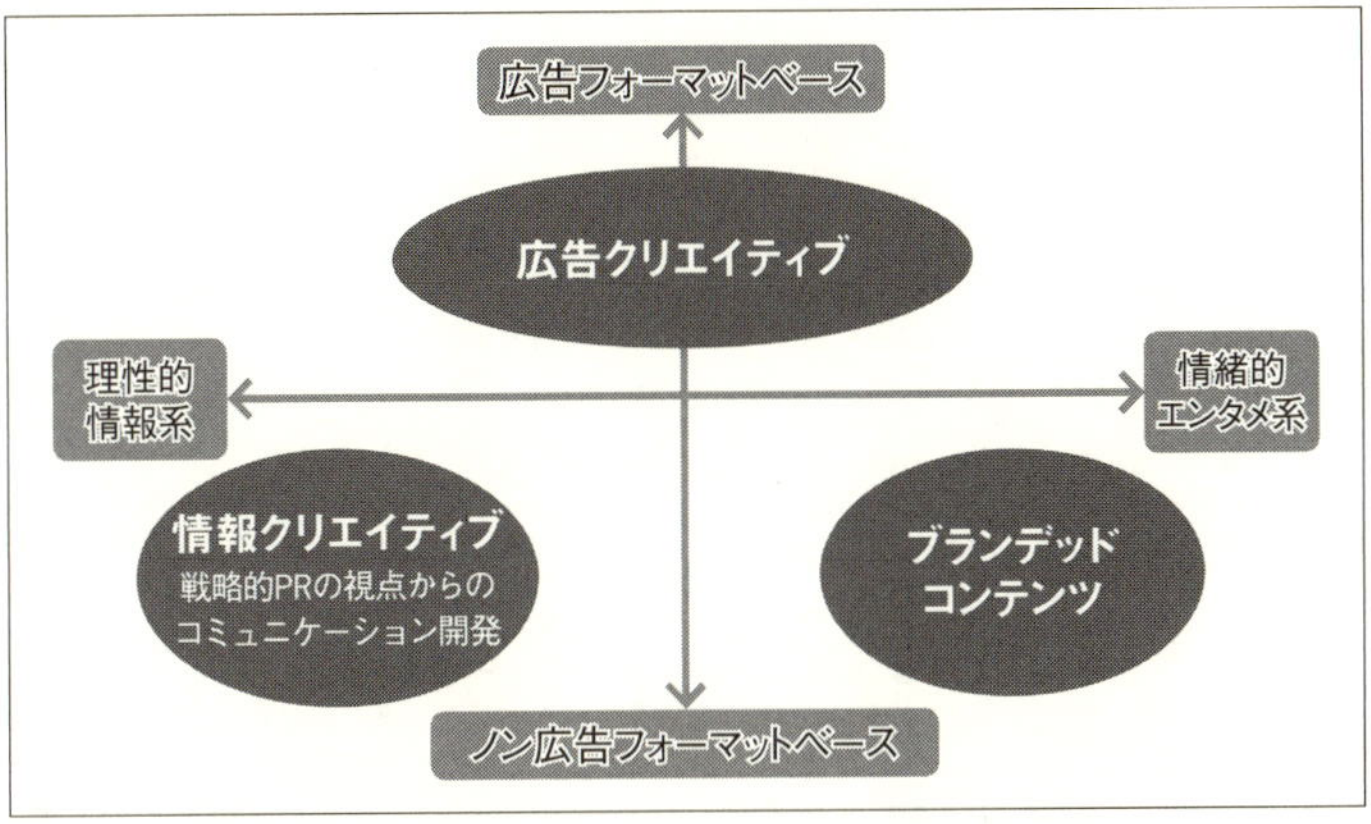

広告フォーマットベースのコミュニケーション開発のアプローチから戦略的PR発想、ブランデッドコンテンツ発想を含めた広い視座が必要。

図4：マーケティングコミュニケーション施策の領域拡大

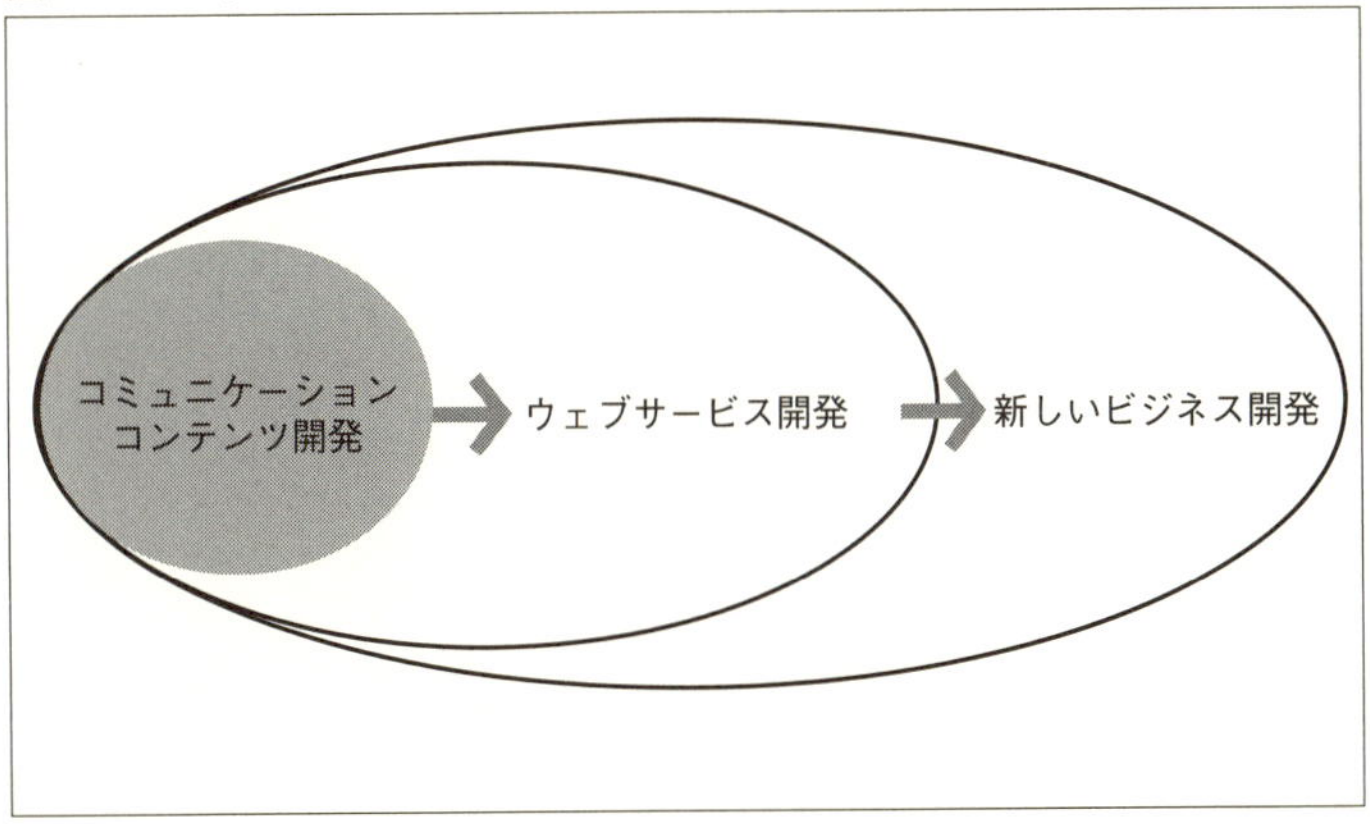

企業のマーケティングコミュニケーションのために、ウェブサービスや新しいビジネス開発が行われる。

テクノロジーのスキルがまったくない

そして「テクノロジー」こそ、いまの広告代理店にまったくないスキルであろう。ここで指す「テクノロジー」とはいわゆる情報システム部門が持つスキルとはまったく違う。「マーケティングを理解しているテクノロジーの専門家」が持つスキルであり、マーケティング領域で活用される多様なテクノロジー（図5）の使い方を、広告主へ提案し導入と運用のコンサルティングができる能力を持つことだ。また自社内でテクノロジーサイドからのアプローチを試みてアイデアの創出やサポートを担う役割となる。

このスキルセットを育成するのはかなり難しい。もともと広告代理店にいない人材なので、当然外部から獲得することになるが「広告」や「マーケティングコミュニケーション」の本質を理解しているテクノロジーの専門家は現在ほとんど存在しない。

筆者はテクノロジー側の人材に「広告」や「マーケティングコミュニケーション」の習得を促す研修ワークショップを行うこともあるが、センスがある人材もかなりいる。もともと文化が違う人材への教育なので、育成は簡単ではないが諦めてはいけない。

図5：マーケティング領域のテクノロジー

一番重要なのは「フロントライン」

広告代理店にとって、一番改革が求められている機能はフロントラインにあたる「営業」だ。これからの広告代理店のフロントラインは（あえてもう営業という言葉は使わない）専門家を縦横無尽に使いこなす存在でなければならない。サーカスのライオン使いのイメージだろうか。

従来型の営業マンの種類を大きくわけると二つのタイプがあると言える。プランナー、クリエイター、メディア担当など各スタッフを束ねてプロデュースするいわゆるワンストップ型の営業と、営業自身が専門家として機能するスペシャリスト型というタイプだ。しかしスペシャリスト型といっても多くの場合は実質連絡役としての機能しか果たせない営業マンも多いだろう。

フロントラインの体制をどうするのかは、今後広告代理店が何で稼ぐのかという課題と密接に関係する。メディアの「広告枠」を売る役割は従来型の営業マンでよいが、広告主は必ずしもメディアの広告枠を買いたいわけではない。自社が抱えるマーケティング上の課題を解決したいのだ。

その前提に立ち広告主の抱える課題を解決するための「ソリューション」を提供するとなれば、営業の最前線に立ち広告主の要望に応えコミュニケーションプランを提案し、プロデュースする役割である「アカウントプランナー」がフロントラインに立つ必要がでてくる。

またテクノロジーを上手く活用することで課題解決が図れるのであれば、その分野へ精通した専門スタッフがフロントに立つことも本気で考えた方がよい。さらに広告主が自社の課題を明確にできていない場合は、課題特定ができるコンサルティングのスキルが必要となるケースもある。

顧客のことを一番理解している自信はあるか

そもそも営業マンは担当する企業のことを熟知していないといけないのだが、自分は最も顧客のことを理解していると、胸を張って言える営業マンはどれほどいるだろうか。

例えば担当企業がメーカーの場合、工場や売場、購入者をしっかり取材していないことも現実には多い。業務が多忙なのは重々承知しているが、本来は営業マンが担当企業を一番よく理解しているので、他のスタッフから信頼され意見を求められる存在でなければならない。長年担当しているだけで他スタッフからリスペクトされていない営業マンが多いことも事実だ。

通常、広告代理店の中で売上と利益の責任を負うのは営業マンとなるわけだが、本来他スタッフを含めたチーム全員に売上、利益の責任があるわけでここに意識の差が生まれてはいけない。

一方、専門スタッフこそ広告主とのコミュニケーションを密に行う必要性が高まっているので、いまの広告代理店に対人コミュニケーションが不得手という人材がいてはいけない。

つまり、営業かスタッフかという古い考え方をいったん捨て、広告主の窓口となるのは誰であるべきかをじっくり考えなおす必要がある。「自分は関係ない」と言ってバックエンドへ逃げ込むタイプの人材は必要ない。売上、利益責任はすべてのスタッフにあるという文化を作ることで、積極性のある専門スタッフを増やし、そういった動きを評価する仕組みを構築するべきだ。ある意味、「全員営業、全員スペシャリスト」としてフロントラインを構成していくことを実践するべきだろう。

顧客と一緒に新たなスキルセットを育成

売上が大きい企業には、その企業用のビジネスユニットを構成することも一つの対処策だ。一緒に新たなスキルセットを獲得していくのである。

つまり、広告代理店の組織機能として対応するのではなく、特定の広告主用の組織をフロントラインで自由に作り出せるようにし、必要な人材を配置、設定しやらせることでスキルの育成も図るやり方である。

広告主と近い距離で広告主のニーズにあった人材、スキルセットを設定できるし、ＰＤＣＡも素早く回せる。これには外部からの人材登用も積極的に行い、ブランドコミュニケーションの人材とデータマーケティングの人材を融合させ突然変異が起こる環境を作ることが望ましい。

フロントラインにビジネスユニットを作り、課題解決に応じた人材配置を外部も含めた形で行い、一緒に課題解決を図りつつそのノウハウも吸収していく。結果的にそのユニットが次世代型の広告代理店のプロトタイプとなるはずなので、まずはおすすめのやり方である。

海外デジタルマーケティング人材の「年収相場」

日本の広告代理店は過酷な勤務環境が自慢の種だったりするが、実はニューヨークで勢いのある広告代理店各社も似たような環境にある。読者のみなさんを励ますわけではないが、長時間労働、遅刻厳禁、打ち合わせの多さ、社内政治、ごますり、夜の付き合い…。日本と状況は一緒なのだ。そういった前提に立ちつつ、日本より一歩先を行くニューヨークの広告代理店で起こっていること、年収相場などを紹介していこう。

まず前提としてニューヨークの広告マンたちは、自分の価値を高める仕事はどれかを選別・理解することに時間をかける。そしてアイデアや企画が利益を生むことも知っている。契約外の仕事は「いたしません」の一言で片づけ、企画書提出にも課金をする。時間管理も徹底しているのでタイムシートの管理も厳格だ。

そして顧客も代理店を選ぶが、代理店も顧客を選ぶ。これらはフィー制度が定着している表れだろう。社員一人ひとりが自分の時間価値に重きを置いているのだ。

全体的に年齢は若いが年齢と肩書きの相関関係がない（ゆるい）ことも特徴的だ。若い部長、年長のプログラマーなど、人それぞれだ。数か月から3年で転職しキャリアアップをはかる。2〜3社の経験を経てそれなりのキャリアを積んだ人材は給与のランクが格段にあがるという仕組みだ。他国のことを切り離してとらえるのではなく、その取り組みの中にこそヒントがあると考えるべきだ。若手であれ雇用側であれ差がある（ギャップが大きい）時に、気づきを実践した者が大きな利益を得るはずだ。

超売り手市場！　軽く1000万を超える「年収相場」

米国のキャリア情報サイト『Glassdoor』をご存じだろうか。このサイトの特徴は従業員が匿名で提供する職場や給与に関する情報を閲覧できるという点だ。高額過ぎず少額過ぎずの例としていわゆる中間管理職の年俸をそのサイトから抜粋して紹介しよう（表1）。自分の時間を大切にして着々とキャリアを積んだ「アソシエイト職」「シニア職」を例にする。「アソシエイト職」よりも上職の「ディレクター職」に昇格するとさらに給与ランクがあがるのはご想像の通り。日本人にも米国の広告代理店でチャレンジする人材は存在する。みなさんキャリア形成の参考に、管理職の方には給与体系の考察の一助になればと思う。

米国企業はデジタルマーケティングのキャリア５年程度の人材でスキルさえあれば「軽く年収１０００万円超えの待遇」を用意する相場となっている。これは現在売り手市場でなかなか人材が見つからない状況を表している。広告主、メディア、アドテクノロジー企業、広告代理店、データマネジメント企業などが、こぞってデジタルマーケティング人材の獲得を繰り広げている。キャリアチャレンジを考える人材がこの機会を逃さないようにするにはどうすればよいのだろうか。また企業側はどう対応すればよいのだろうか。

表1：有名企業の年収例

企業	役職	数例	年収
P&G	コンシューマー&マーケットナレッジシニアマネージャー	15	1,210〜1,610万円
	マーケティング・ディレクター	6	1,300〜2,210万円
キンバリー・クラーク	マーケティング・マネージャー	6	1,000〜1,500万円
	シニア・ブランド・マネージャー	3	1,260〜1,350万円
AKQA (WPP)	アソシエイト・クリエイティブ・ディレクター	9	1,150〜1,550万円
	テクニカル・マネージャー	4	1,000〜1,250万円
RG/A (IPG)	アソシエイト・クリエイティブ・ディレクター	14	1,100〜1,600万円
	シニア・プロデューサー	19	1,010〜1,550万円
360i (Dentsu)	アカウント・ディレクター	4	900〜1,500万円
	ソフトウェア・アーキテクト	2	870〜1,300万円
Razorfish (Publicis)	ユーザー・エクスペリエンス・リード	22	870〜1,350万円
	シニア・テクニカル・アーキテクト	11	1,220〜1,500万円
Epsilon	テクニカル・マネージャー	9	950〜1,230万円
	シニア・ソフトウェア・エンジニア	7	900〜1,330万円
RAPP (Omnicom)	アソシエイト・クリエイティブ・ディレクター	4	950〜1,470万円
	バイスプレジデント・アナリティクス	2	1,690〜1820万円

Glassdoor http://www.glassdoor.com/index.htm をもとに作成。数ある企業の中から代表的な広告主企業と各ホールディング会社からデジタル専門の広告代理店として知名度がある会社をランダムに選んだ。年俸の幅は企業側の発表ではなく、自己申告したサンプルでの幅（2013年末。1ドル＝100円換算）。

リクルーティングの場は「カンファレンス」

ニューヨークでは多くのマーケティング、アドテクノロジー系のイベントやカンファレンスが開催されているが第4章で紹介した「アドバタイジングウィーク」の次に大規模なイベントが「アドテック（ad:Tech）」だ。出張してアドテックへ参加する日本人は「テクノロジーは出揃った感があるので、あまり見るものがなくなってきた」と感想を漏らすことが多い。これは参加意識が「講演を聴く」という参考・勉強の方向に向いているからこその感想だ。各注目企業がブースを出展し社長が登壇して講演している理由は別のところにある。実は出展企業の狙いはアドテックに集まる参加者たちの「リクルーティング」や「スカウト」なのだ。参加者もこういった事情がわかっているので自らのプレゼンテーションスキルを磨き、ネットワーキングに奔走する。「テクノロジーのお勉強」をしている時代はとっくに終わっているのだ。

デジタル・タレント・ギャップが起きている

「デジタル・タレント・ギャップ」という言葉をご存じだろうか。求める人材と採用される人材のデジタルスキルの期待値・結果のギャップを指すが、これが最近バズワードとなっている。企業から求められる高いスキルの人材と現場の社員とのギャップが年々開く中、どの企業もハイスペックなスキルを持つ人材を求めている。

例えば「専門的な統計学の知識と数学の知識を持ちつつ、テクノロジーに明るくかつマーケティングセンスを持つ」人材。英語でこう言われると、まるで映画の「キングギドラ（頭が三つある怪獣）」が脳裏によぎる。

それでは表1のような職種に就く人材はどのようなキャリアを経ているのだろうか。答えはデータに関連した職種を経てキャリアを積む傾向にある。業界情報サイト『アドエクスチェンジャー』の求人ページは4~5日ごとに更新される。表2は筆者が抜き出した情報だ。

表2：有名企業の求人例

職種	企業名
Programmatic Account Executive	Time Inc.（大手メディア）
Manager, Analytics – Audience On Demand	VivaKi（PublicisのATD）
Manager, Programmatic Specialist	Mediabrands-Cadreon（IPGのATD）
Director, Strategic Yield Management	Viacom（大手メディアコングロマリット）
Associate, Programmatic Buying	Netflix（オンラインビデオ配信企業）
Solution Consultant	IPONWEB（アドテクノロジー企業）

AdExchanger http://www.adexchanger.com/jobs/ をもとに作成。65のポジションが登録されていた（2014年1月31日現在）。

日々データが増加するのにともないデジタル・タレント・ギャップは広がるばかり。一つ言えるのは**２０１４年現在は明らかに「需要が供給を大きく上回っている」ということだ。つまり売り手側（雇用される側）に分があるのは間違いないので、ぜひみなさんも喜んでもらいたい。しかし実態は機会を活かしきれてない人が多い。**この状況に対しメディアマスのジョー・ザワツキー社長は「学ぶとよいことが目の前に沢山あるのに、それに気づいて行動を起こしている人はごくわずか」と、機会を活かしきれていない人に向けて忠告を送っている。

売り手市場だと採用側も大変である。アドテクノロジービジネスに明るく、企業のマーケティング課題も解決できる人材を探すための「目利きのリクルーター」がいないのだ。外部ヘッドハンターを含めても数が足りない。アドテックでのネットワーキングをはじめ、あらゆる手段を使っても、これらのスキルを併せ持った人材に辿りつくまでに2〜3か月はかかってしまう状況だ。

求めるスキルのニーズが変化している

米オンライン・マーケティング・インスティチュートが『The State of Digital

Marketing Talent』という無料レポートを２０１３年末に公開した[3]（図６）。このレポートでは広告主や広告代理店の採用側と雇用された側の期待値の違いを指摘している。企業が重要視しているカテゴリーの上位、例えば「データ・アナリティクス（データ分析）」「コンテンツマーケティング」、「ソーシャルメディア」「Ｅメールマーケティング」そしてこれらをつなぐプラットフォームとしての「モバイル」へのスキルを重要視するランキングになっている（それぞれ百分率指数で約70％）。**注目したい点はこれら企業が重要視しているのはオウンドメディアとアーンドメディアのカテゴリーという点だ（図３）。**

　これらのカテゴリーにおいて、自社が満足できる人材体制が取れていると答えたのは39～29％に留まる。このギャップが企業にとっては「大変な」状態であり、スキルを積んだ個人にとっては「最大のチャンス」なのである。一方ペイドメディアである「デジタル・アドバタイジング」の項目に目を移してみると、重要視指数は下がり（50％）、人材確保の実感値（38％）とのギャップが縮まっている。

　言い換えればデジタル・アドバタイジングにおけるデータスキルは、既にマーケティング全体から見て「誰でもできる」付加価値の低いスキルになっているのだ。上流のスキルはオウンドメディア、アーンドメディアのデータを活かすスキルへ移っている。

「アド」と名がつくアドエージェンシー（広告代理店）は、この事実にようやく気づきはじめ、ビジネスドメインの変更をはじめつつある。

この調査は「フォーチュン500」のリストに載る企業や広告代理店700社以上に調査されたものだが、フォーチュン誌に掲載されるほどの大規模な（トラディショナルな）広告代理店側の状況は深刻だ。そもそも広告代理店は、伝統的に統計や数学の専門知識を持つ人材や定量分析を得意とする人材獲得への優先度は低かった。覚えがある読者もいるか

図6：THE TALENT GAP

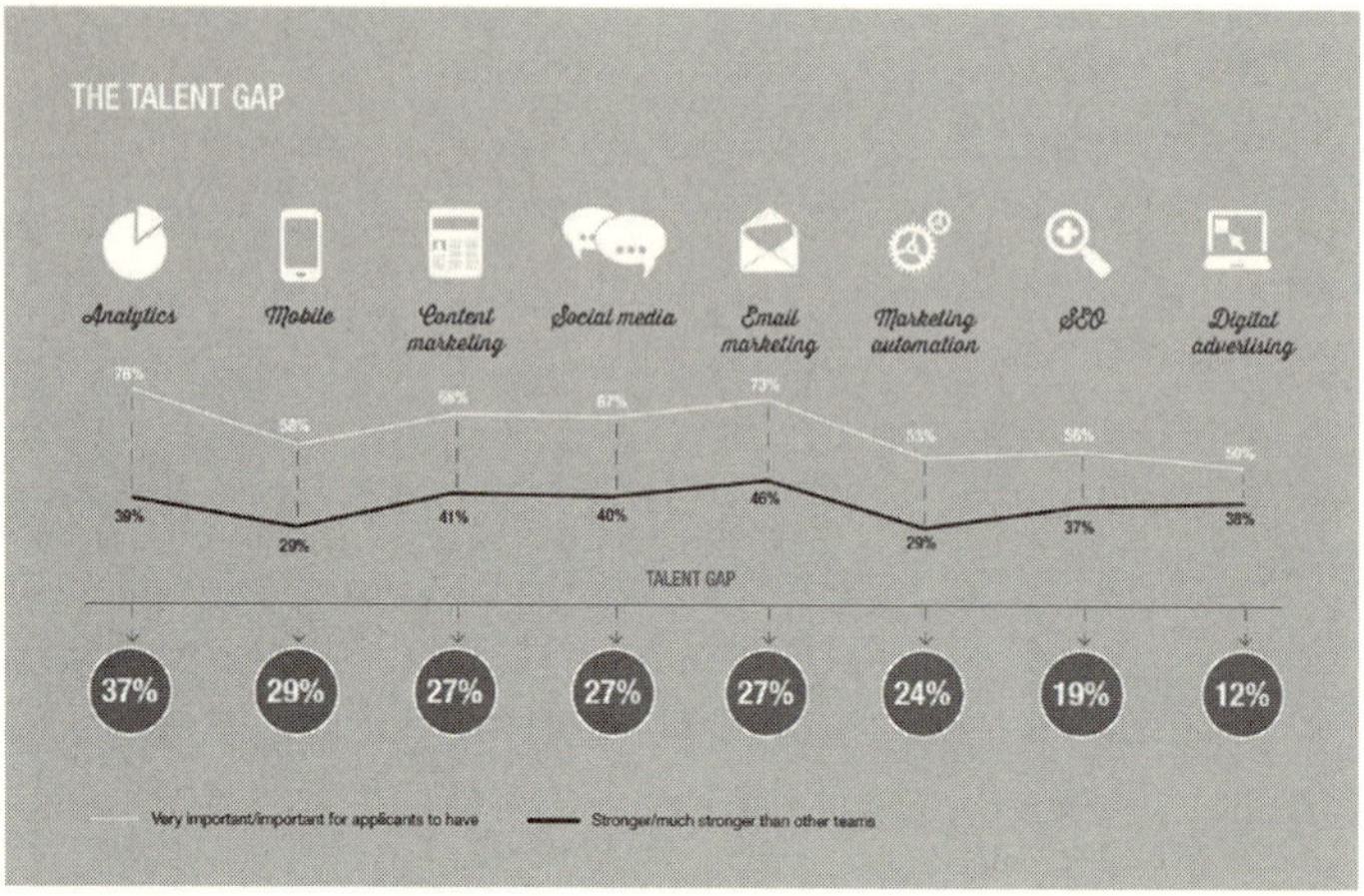

上の折れ線が各カテゴリーの重要度。下の折れ線が人材確保の実感値。開きが大きいほど企業側に人材が足りていないという意識になる（出典：Online Marketing Institute［OMI］「The State of Digital Marketing Talent」http://learnit.onlinemarketinginstitute.org/TalentGapReport.html）。

もしれない。お祭り騒ぎができるコミュニケーション能力を重要視していれば、顧客との関係維持もほどほどにできた。

しかし数年前からメディア分析における指標がオーディエンスデータと結びつき「アナリティクス」のスキルが求められはじめた。この波はさらに「クリエイティブ」の領域まで広がり、デジタル知見を持ったクリエイティブ人材の需要増につながっている。従来の勘と経験のクリエイティブが通用しない時代になっている。

「アナリティクス」というのは職種として考えられているが、実はクリエイティブ人材に最も求められているスキルなのだ。例えば『複数のユーザーセグメントに複数の時間軸を掛けあわせ、フェイスブック、ツイッターなどアーンドメディア上の反応に合わせたクリエイティブを作成しテレビのスポット広告との相乗効果を作る』ことが求められる。

２０１３年のスーパーボウル停電事件におけるオレオのソーシャルメディア活用をご存じだろうか。前代見聞の事態にオレオのソーシャルメディアチームは「停電だって？　何も問題はない」というテキストと急ごしらえの画像広告を投稿[4]。そのツイートは大きな反響を呼んだ。機転を利かせたのはオレオの広告代理店である３６０iだった。まさにライブで柔軟な対応を実現し話題を呼んだ好例だ。

スキルの育成・リクルーティングが急務

このような状況の中、広告代理店は「買収」「提携」「スキルセット」「リクルーティング」それぞれのカテゴリーの中でこれまでと違う決断をする必要性に迫られている。買収による企業変革の最先端の見本としていつも取り上げられるのはWPP。第4章で紹介したようにマーティン・ソレル社長の決断には驚かされる。

剛腕なマーティン・ソレル社長のやり方よりも、日本企業にとって参考になるのはスキルセットの育成やリクルーティングの分野だろう。企業内大学や講習は日本企業内でも設立が進んだが、社内持ち回りの研修であって人材を育てるほどの機関ではなかった。

オムニコムグループのGoodby Silverstein&Partnersでは「Ed」と呼ばれる育成プログラムを設けた。ポイントは二つだ。一つ目は外部の「デジタル教育プログラム」の専門会社と共同でプログラムを運営していること。二つ目は「社員全員がテクノロジスト」というコンセプトを社員に提示したこと。テクノロジストへの固定概念を完全排除し、社長自らプログラムへ参加している。

ＡＫＱＡはカンヌライオンズ 国際クリエイティビティ・フェスティバルにて「フューチャーライオン」という学生向けのコンペの賞を２００７年から開催している。[5] テクノロジー雑誌『ワイアード』との共催だ。２０１３年は「ついに」日本人学生グループがグランプリを獲得し日本でも注目が高まった。[6]

「広告の未来形は広告にあらず（ビジネス発明であるべき）」というＡＫＱＡの思想を伝えるのに十分な場で、直接的なリクルーティングはないが将来性のある若者に対して会社の姿勢を打ち出せていた。

Ｒ／ＧＡはTechstarsと共同でスモール・スタートアップ企業を支援する「アクセラレーター」というプログラムを立ち上げている。テクノロジー、マーケティング、グローバルをキーワードとして申し込んだスタートアップ企業に１２００万円の資金援助と活動を支援する。具体的には、彼らにＲ／ＧＡのクライアント課題に共同で取り組むチャンス（ニューヨークオフィスで3か月共同作業）の機会を与えたり、ベンチャーキャピタル、起業家メンターも紹介する。Techstarsで抱える企業群は、合わせて数百億円の企業価値があると言われている。２００人のプログラム開発者と３００人のデザイナーを抱えるＲ／ＧＡが、さらなる企業改革を遂げるための若手をスタートアップごと育成する策だ。

一方、日本の広告代理店のリクルーティングは新卒の比重が大きく有能なキャリアを持つ人材へのリクルーティングが弱い。早急にデジタル・タレント・ギャップを埋めるためスキルのある人材を雇えば解決する話ではない。例えばデータマイニングやアナリティクスを使いこなしビジネス価値へつなげるために必要とされているのは、人材より先に設計、制度の構築だ。解析データや数字をビジネスに落とし込む設計図をまず作らなければならない。

クリエイティブ人材においても、同様の課題があると考えてよいだろう。データ解析ができる人材を雇うことは間違いではないが、**広告代理店の経営層はデータ活用を行うための設計を急ぐべきだ。その意味で中堅の広告代理店が「自社」ですべてをこなすのはハードルが高い。中堅の広告代理店は外部の協力がどうしても必要になってくるだろう。**

個人のキャリアアップとしては、前述したスキルセットはもちろん、積極的にセミナー、カンファレンスへ参加し外部との交流を深めることが大切だ。ここではさらにアウト・オブ・ボックスなヒントを二つ紹介しよう。

「グローバルチーム」で「ダンス」ができるように

アドテクノロジーのノウハウ習得は既に誰もが行っている標準的なことだ。それよりもオウンドメディア、アーンドメディアについて広告主視点でのノウハウを獲得するため、データに触れる機会を作っていくべきだ。フェイスブックの知人との日々の会話量ではノウハウは留まらない。外部企業との協業や広告業界以外のネットワークを増やしていこう。

「外資系」ベンダー、大手企業の動向は特に意識をして見ておくことをおすすめする。システム、実施メニュー、事例、テスト、協業、そして可能であれば事業化まで踏み込んでみたい。アドテクノロジー領域は急激にコモディティー化が進んでおり、いずれ日本の大手広告主が大手グローバルＩＴ系企業のシステムを導入することで、業界の収斂が予想される。その時に備え「国産」にこだわる体質からは脱皮しておかなければならない。

起業、スピンオフという選択肢もある

データ分析のスキルを持つ集団を作り、プラットフォームやツールを使いこなせれば、社内起業や分社の可能性も十分あるはずだ。米国では数多くの本体からスピンオフしたユニークな広告代理店が存在する。社内起業した小さなユニットが広告主へ深く入り込み、独自事業を展開するイメージだ。もはや起業に近い感覚だろう。デジタルマーケティングの世界で最も広告代理店が競合している企業はシリコンバレーの企業をはじめとする「事業を創造」するチームや企業だ。広告主のオーダーを受けＲＦＰ（見積もり依頼書）の中で仕事を収めるのではなく、広告主側へ一歩近づこう。

資本と規模がそれほど大きなサイズでなくても、外部プラットフォームと自身のデータ分析や活用能力があればサービスが成り立つ時代だ。個人スキルを引き上げスピンオフする気構えはあってよい。その力こそが、自身が所属する企業が生まれ変わる原動力となる。逆にスピンオフが登場しないような広告代理店は、早晩老体化するだろう。

第7章

近未来予測

ネット広告の効果指標に「認知」「態度変容」が加わる

２０２０年にはほぼ決着を迎えるだろう広告業界の大変革。まず２０１４年〜２０１５年にかけて「元年」となるような出来事を取り上げていく。

まず挙げたいのが、動画広告の普及にともない「認知」「態度変容」といった指標がネット広告の効果指標として浸透していくことだ。ウェブ上で直接購入を促すことだけがゴールではない商品を扱う広告主が、広告の認知、ブランドの認知、そして購入意向などの態度変容効果に注目して、動画広告を本格的に活用していく。

長くネット広告の効果指標はクリック単価や顧客獲得単価であった。昨今では広告の表示（ビュースルー）によるコンバージョンへの貢献度も含め広告効果を計測できる時代になった。しかし現実には、検索連動型広告の入札キーワード別の単価データを管理し、アトリビューション分析（メディアごとのコンバージョンへの貢献度を調査、分析すること）を駆使して各ネット広告の貢献度を可視化し、それにもとづいた予算の再配分をしている企業はまだまだ少ない。

ＥＣサイトなどビジネスゴールがネット上にある場合はよいが、実店舗での販売が主力の広告主にとって、ネット広告活用における効果指標をどう定義するのかは大きな課題であったが、今年からネット広告による「認知」「態度変容」の効果を測る流れが加速するだろう。そして恐らくいままで指標としてきた「クリック数」が、「認知」「態度変容」とは相関しないことが可視化される。

筆者は14年前に『最新ネット広告ソリューション』（日経ＢＰ社　２０００年8月）という日本ではじめてのネット広告に関する書籍を執筆した。その中ではクリック率が広告認知にも相関する指標であるとしていた。ネット黎明期におけるユーザー行動ではそう言えたかもしれないが、さまざまな広告フォーマットが登場した昨今では、どうもクリックと認知、態度変容が相関するとは言い難いということがわかってきた。クリックが多いほど認知が獲得できている、態度の変容に貢献しているという単純な話ではないということだ。

動画広告をテレビ広告と同じ指標でとらえるのと同時に、テレビ広告と動画広告にどの程度の配分で予算を振りわければ最適化なのかという予算配分モデルを作る。特にテレビ広告を大量に利用する広告主にとっては、効率的な認知獲得と共に、認知をより購買行動へつなぐ手立てとして検討されるだろう。

米国では動画広告をテレビ広告と同様に評価する動き

米国では、動画広告をテレビ広告と同じ効果指標で評価しているばかりか、その購入方法もテレビ広告在庫と同様に「アップフロント」で行われはじめた。「アップフロント」とは米国の広告業界の用語で、毎年9月からはじまる新番組に合わせ、前予約買いを6月に行う販売イベントのことを指す。日本風に言い換えると「タイム枠予約販売」となるだろうか。アップフロントで広告掲載枠はプレミアムな枠を購入するが、広告の配信はユーザーごととするのだ。もちろん日本はまだまだだが同様の流れが起こってもおかしくはない。

動画広告であればM1層などを中心にテレビ広告でリーチしにくいターゲットへの接触が可能だ。またテレビ広告の大量リーチによる認知と共に、ターゲットごとに異なる文脈のメッセージを動画広告でターゲティング配信し「認知」の次のステップである「レリバンシー」(この商品は自分に関係するものかもしれないと認識させること)を担わせるケースも増えるだろう。

いまでもテレビ広告は強力なプッシュ力を持つ唯一の広告メディアなのは間違いない。打ち上げ花火とも言えるだろう。しかし昔に比べて「テレビ広告を視聴する環境」が変わった。情報量や情報手段が増したためテレビ広告だけで購買意欲を醸成することが難しくなったと言われて久しい。購買ファネルのもう一段階購買行動に近いフェーズで、訴求力の高い動画広告でターゲットに対して強いプッシュをかけることの相乗効果は高いだろう。

動画広告の最大の特徴は、「広告視聴者の広告に対する反応がデータで把握できる」ことである。秒単位でどこまで視聴されたのかをデータ化することができるため、どのコマで視聴が下がるのか、視聴者の興味がなくなるのかがわかる。このデータをもとに、より視聴を高める動画広告を作るということも可能だ。

米国では既にＥＣサイトの動画などで、秒単位の視聴離脱データをもとに動画を修正し、完全視聴率を少しでも上げる試みが実施されている。完全視聴率が上がるとコンバージョンが増えるという相関を把握しているからだ。

動画広告は過去には何度も「今年はくる！」と狼少年のように叫ばれてきた。しかしその効果を「認知」「態度変容」と定義することで、従来のネット広告とは違う評価が定着していくだろう。

ただ動画広告への出稿に興味を持っても、配信できる広告枠や広告在庫が現時点では少ない状況だ。クリックでしか評価されないためインプレッション単価が上がらず、大量のページビューを有するサイトに圧倒されてきた良質なメディアは、動画広告の掲載枠や広告在庫を増やすことで広告収入を拡大するチャンスである。

またテレビ局も保有する映像コンテンツを動画広告配信マーケットへ提供することで、収入拡大を狙う機会となるだろう。リアルタイムでの視聴が少なくなる中ほとんどのＣＭがスキップされて、１円にもならない録画視聴率を誇っても意味がない。映像コンテンツを保有するなら積極的に収益に貢献するような取り組みをはじめるべきである。

テレビ広告予算がない広告主にとってもチャンス

さらに動画広告はテレビ広告を利用できるほどの予算がない広告主の広告手段としても活用されるだろう。筆者の経験でもテレビ広告を出稿できるほどの予算がない企業の場合、効果が検証しづらい雑誌、交通広告、イベントなどで広告プランを構成した結果、逆に贅沢な広告の使い方をしてしまうケースが多い。やはり動画による訴求力は高く、クリエイティブ次第で広告効果はかなり期待できるため、チャレンジする企業は増えるだろう。また、これまでテレビ広告を使う機会が少なかったＢ２Ｂ企業の広告にも動画広告が積極的に使われる可能性は高い。

動画広告用のクリエイティブ開発が進む

第6章でも述べたが、これまでの日本のネット広告代理店が行っているクリエイティブ作業は本来の意味での「クリエイティブ」ではない。既存の素材を用いてレイアウトしているに過ぎないのだ。つまり原稿を制作し広告効果を高めるためにＡＢテストを高速で繰り返すことで、クリエイティブの「調整」を行っているだけなのだ。ユーザーへ「驚き」や「発見」を与えるような本質的な意味での「クリエイティブ」ではない。これを私は「クリエイティブ・アダプテーション（順応・調整）」と呼んで、本質的なクリエイティブとは異質なものと考えている。

動画広告がこれまで定着しなかった大きな理由の一つは、「広告フォーマット」の特性を活かした独自のクリエイティブが開発されなかったことにあると考える。前述したように、効果指標が認知、態度変容になってくると、クリエイティブを改善することでその効果に大きな差が生じる。広告掲載における3要素として「どこに」「だれに」「何を」が挙げられるが、効果を高めるための最大の要素は「何を」にあたるクリエイティブである。

　動画広告用のクリエイティブを作る広告主が今年は一挙に増えるはずだ。プレロール広告にしても最初の5秒でスキップされないように、また逆に5秒で完結できるように、とにかくテレビ広告とは別の文脈のクリエイティブを求める広告主がでてくる。その期待に応えるべく「インタラクティブ動画」など従来のバナー作りとは一線を画した、リッチなクリエイティブ制作が可能な会社も登場するだろう。

　こうした会社は動画広告の視聴データ、認知・態度変容データでのＰＤＣＡ、つまりクリエイティブの改善作業を当然のように行うクリエイターたちとなる。

　その際、広告キャンペーン期間中にリアルタイムでの効果測定を行いＰＤＣＡを回さなければ意味がない。改善を高速で行う文化、習慣を動画広告にも持ち込めるのか。そのあたりが試金石となるだろう。

　近い将来、テレビ広告の制作プロセスも変わるかもしれない。まずデータマネジメントプラットフォームに格納されているデータ群にもとづき顧客のインサイト（反応する文脈）を発見し、クリエイティブを作り動画広告を配信して効果測定を行った上で、テレビ広告用のクリエイティブを作るというプロセスになってもよいと思う。それほどテレビ広告は大きな投資であり、その投資対効果を最大限高めるための事前準備ができる環境ができつつあるからだ。

テレビＣＭ制作業界の「２０１６年問題」

ここまで動画広告関連の話題に触れてきたがここで少し余談を。テレビＣＭ制作業界に「２０１６年問題」が存在するのをご存じだろうか。多くのテレビ局でテレビＣＭ素材送稿システムがオンライン化されるため、デジタルテープのプリントが必要なくなるのだ。テレビＣＭ制作業界では、長年フィルムのプリント代、ビデオテープのコピー代がプロダクションの経営を支えてきたと言っても過言ではない。

82年からこの業界にいる筆者は16ミリのフィルムを何百本もプリントして素材送りをしていた時代を知っている。場合によってはテレビＣＭ制作費よりプリント代、コピー代のコストはかかり、確実にＣＭプロダクションの大きな収入源だった。それがオンライン送稿になることでなにかしらテレビＣＭ制作業界へ影響を及ぼすだろう。テレビＣＭ制作見積書の項目が極端に増えたのはプリント代、コピー代がなくなることを見据えた制作費アップのためとする穿った見方もできる。

テレビＣＭに限らず、映像制作の現場は新たな収益化の方法を模索している。アニメにしてもゲームにしても日本国内だけでは投資を回収できず、お金がないためよい作品が作れないという悪循環に陥っている。そういう差し迫った状況にあるのだ。

テレビＣＭの制作費は最低でも１０００万円台という金額となり、まともに作れば３０００万円台はざらだ。しかし制作会社にとってもテレビＣＭを受注できる本数は限られる。

筆者は動画広告制作へチャレンジすることが、制作会社の２０１６年問題への一つの対応策になると考えている。ただ、どれほどテレビＣＭ制作の経験があっても、従来のＣＭプロダクションが持つクリエイティブ文化だけでは新たな価値を生み出すことはできない。特に視聴データにもとづき最適化を行う文化が作れるかどうかが、新たな収益源を確保できるかどうかの重要な要素となるだろう。

DMPを活用したデータ分析・活用が試される

２０１３年はビッグデータ、データサイエンティスト、データマネジメントプラットフォーム（ＤＭＰ）といったデータマーケティング領域のバズワードが賑わった１年だったが、２０１４年はトップランナー企業のデータマネジメントプラットフォーム実装が完了しはじめる。それと同時に成果を出すべく本格的に「データマネジメントプラットフォームを活用したデータ分析・活用」が試されることになる。

そうした中にあって、企業が自社で保有するログデータ、顧客データ（ファーストパーティデータ）とメディアが持つオーディエンスデータ（セカンドパーティデータ）、外部企業が保有する購買行動データなどのデータ（サードパーティデータ）、そして広告主同士での自社保有データの交換がはじめて本格的に試されることになるだろう。しかし、まだまだ交換が実現できる環境が整備できていない。相対での取引からはじまるのが現実的だ。また有力メディアが自社でデータマネジメントプラットフォームの導入、活用を検討することで広告主にとって価値のある広告商品の開発も期待できる。その場合、まずは特定の有力クライアントとの取り組みが優先されるだろう。

　こうした中で独自のオーディエンスデータを所有しない広告代理店の存在感は極めて希薄になる恐れがある。データエクスチェンジ（交換）市場はあくまでトレードオフが原則である。「交換の場」に自分が所有している有用なデータを提供できてはじめて参加することができる。

　メディアと広告主が直接データ交換することもテクノロジーを上手く使えば実現可能な中、広告代理店がデータマーケティングにどう関わっていくのかは、まさに経営課題となるだろう。ただ、まずはそういう状況になっていることを認識できなければ何もはじまらない。

　データマーケティングの本質を理解し広告主とメディア、広告主と広告主がデータ交換でき

図１：これら４つのデータ群の活用が進む

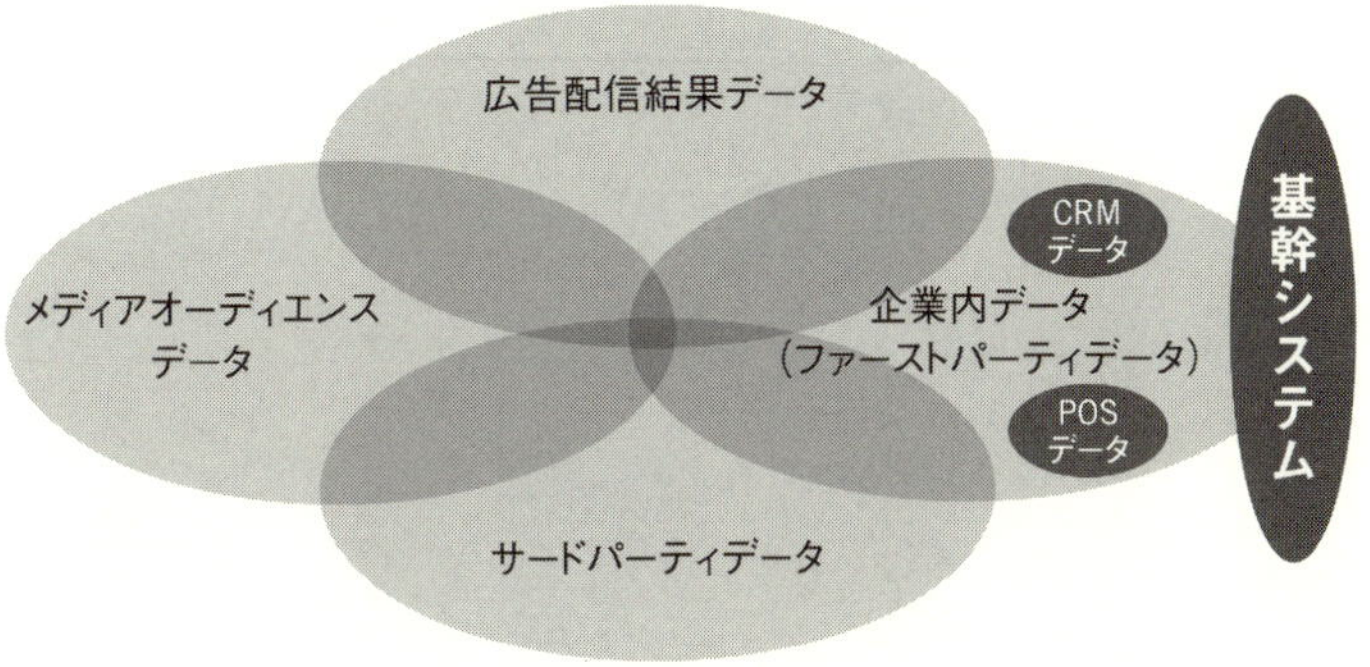

る環境が現実味を帯びてくる中、広告代理店は何を提供していくべきなのか。代理業が成り立たないのであれば、どんな業態の会社としてデータマーケティングに関わるのかを早急に定義しなければならない。いまのままではグーグル、アマゾン、ヤフーなどに主導権を奪われるのは必至である。

一方、多くのデータマネジメントプラットフォーム提供会社がシステムを通じて、データ交換の仲介役を果たす役割を担おうとしているが、実際データマネジメントプラットフォーム提供会社が仲介役を果たすのは無理がある。それにデータ交換の実現は使用するデータマネジメントプラットフォームに左右されない。データマネジメントプラットフォーム活用を推進する上で重要なことはデータＩＤの統合だ。

共通でデータが使えるように、それぞれが保有するデータＩＤを統合しておかなければならない。環境整備が行われることで、データ交換の機会が促進されデータを共有する価値がさらに拡大する。

プライベートDSPが本格始動する

データマネジメントプラットフォームには「プライベートデータマネジメントプラットフォーム」と呼ばれる仕組みがあることをご存じの方も多いだろう。プライベートデータマネジメントプラットフォームでセグメントしたターゲットに対して広告を配信し、その広告反応データをデータマネジメントプラットフォームにフィードバックする「リザルトラーニング」（結果学習）を行うには、必然的に「プライベートデマンドサイドプラットフォーム（プライベートＤＳＰ）」が必要となる。デマンドサイドプラットフォーム提供会社のサービスを利用し配信するだけでは成立しない。掲載面の管理を含めたプライベートデマンドサイドプラットフォームが必要なのだ。

　効果を測る要素はもちろんオーディエンスデータ（つまりクッキーデータ）だけではない。掲載、配信タイミング、接触頻度（フリークエンシー）、そして広告効果を高めるための最も大きな要素である「クリエイティブ」を最適化できなければ意味がない。入札運用型の広告効果を高めるには、オーディエンスデータを最適化するだけでよいという間違った見解を耳にすることもあるが、決してそうではない。

さらにブランドを毀損しない、というよりブランドを認知させるためにより効果的な広告配信を行うには、その企業にとって最適な広告掲載面のネットワーク、つまりプライベートエクスチェンジ（特定の良質なメディアのみに広告配信ができるプラットフォーム）が必要となる。

米国企業のように、プライベートデータマネジメントプラットフォームによるプライベートデマンドサイドプラットフォーム運用を自社内で行う日本企業はまだないが、どこまでを「自社内（インハウス）」と呼ぶのかの定義は別にして、特定の広告主のためのデマンドサイドプラットフォームへのニーズは高まるだろう。

一方で、サプライサイドプラットフォーム（ＳＳＰ）も新たな局面を迎える年になるだろう。データマネジメントプラットフォームを導入するメディアが増えると、広告商品の開発をオーディエンスデータベースにもとづいて設計する流れができる。プレミアムな広告枠も含めて、メディアの広告収益の最大化のために機能する本格的なサプライサイドプラットフォームの普及が進むだろう。パブマティックがソネットと提携し、ルビコン・プロジェクトも既に日本市場への参入を果たしている[1]。

アマゾン保有のデータを企業がマーケティングで活用

それほど本格化しているようには見えないかもしれないが、アマゾンの購買データをマーケティングへ活用する企業が急激に増えてくるだろう。実店舗の購買データだけでなくアマゾンでの購買データを目的変数とし、重回帰分析を行い広告投資額の配分を検討する企業もあらわれる。メーカーはアマゾンの購買データにもとづいた商品開発に乗り出すなどの動きが実店舗網を持つ流通企業を刺激すると思う。

既にヤフーもアスクルと組んで食品、日用品を扱う主要会社と連携しデータにもとづいた商品開発に乗り出している。[2] 消費者の購買行動データを提供することに慎重な流通各社も、メーカーとＥＣ企業のデータ連携を指をくわえて見ているわけにはいかなくなる。これをきっかけとして自社以外の第三者が持つデータ、いわゆるサードパーティデータの流通がこれから本格化するだろう。そのきっかけはアマゾンが作ると筆者は予想している。

それにしても、保有するデータ量から考えてもグーグル、アマゾン、ヤフーの優位性は実に大きい。楽天もこの領域への参入を当然考えているだろうが、各店舗保護の方針のため踏み切れていない。その間に、アマゾンに先行される可能性がある。

企業が欲しいサードパーティデータは、基本的には購買行動系データ、ソーシャルメディアデータ、テレビ視聴データの三つである。２０１４年2月にオラクルが買収を発表した、ネット上の個人の行動履歴を匿名化して流通させる仕組みを提供するブルーカイなども加わることで「データ供給合戦」が激しくなることは必至だ。[3]

しかしこれまでの歴史を振り返ってみるとデータ活用がすんなり進むとは思えない。データを活用し成果へつなげるには自社のビジネスロジックを熟知し、データ分析担当者に仮説と分析法を指示できる知見を持つ人材が必要だからだ。筆者はこの関係をアメリカのテレビドラマ「24-TWENTY FOUR-」の登場人物であるジャック・バウアーとクロエ・オブライエンに例える。いかにクロエが優秀な分析官でもジャックの指示がなければ成果はだせないのだ。各企業「ジャック探し」に奔走することになるだろう。

ネイティブ広告への注目が高まる

広告主が用意する広告コンテンツをメディアへ掲載する「ネイティブ広告」は、注目の広告手法である[4]（図2）。早速米国では「広告」とはっきり認識できるのかどうかに関して議論が起こっており当局も本腰を入れはじめたところだ。ステマにはならないかこれから突っ込んだ議論がなされるだろう。米国と違い日本には昔から「編集タイアップ」という広告手法があり定義としては違うものの、ネイティブ広告を受け入れやすい土壌であるように思う。

とはいえ一から十までメディア側の作業による「編集タイアップ」と広告主が自前でコンテンツを用意し掲載する「ネイティブ広告」ではイメージ面でも実現するための手順においてもかなり異なる。

ネイティブ広告を配信するプラットフォームを持つ会社が、閲覧ユーザーごとに最適なネイティブ広告を配信する役割を担うことになる。P&Gなどが米国で活用しているアウトブレインの日本上陸も既に報道されているが、こうした仕組みを提供する会社が今後も登場するだろう。[5]

ネイティブ広告に注目が集まると同時に、こうした配信プラットフォームの活用法についての議論も高まっていくだろうし活用するには企画力も必要である。費用対効果の高いネイティブ広告を開発できる広告主は、顧客心理を適切に読み解き最適なコミュニケーション設計が可能な「手練れ」となれる。

図2：枠部分がネイティブ広告の掲載例

（出典：The Wall Street Journal http://online.wsj.com/public/page/news-global-world.html）

メディア主導のコンテンツリターゲティング広告の登場

広告主のウェブサイトへの訪問履歴にもとづいて広告を配信するリターゲティング広告。刈り取り目的の広告として検索連動型広告と同様にネット広告の手法として定着した感がある。実際、日本のデマンドサイドプラットフォームのほとんどがリターゲティング広告を主力としている。

当然だが、リターゲティング広告の配信対象は自社サイトの訪問データにもとづいているので、ある意味広告主が広告運用の主導権を握っている。広告配信面を供給するメディア側に価格形成力はあまりないのが実情である。

しかし、リターゲティング広告は特定の商品カテゴリーと特定商品への興味関心が顕在化し行動したユーザーを配信の対象とする。つまり「既に知っていて（検索キーワードの想起ができて）」「興味関心が高い」ユーザーが配信対象となり、「存在を知らない（検索キーワードの想起ができない）」ため、自社サイトまで訪問できないユーザーは配信対象にならない。

そもそも広告の役割とは読んで字のごとく「広く告げる」ことであり、それは「いま興味関心のないユーザーに商品への関心を高めること」と言える。

いま興味関心のないユーザーへ自社の商品を知ってもらいたければ、性別、年齢、居住地などの属性データにもとづいた広告配信だけではなく、価値観、趣味嗜好など心理面におけるマーケティング、つまり「関心にもとづくマーケティング」を実施する必要性がある。

関心のあるコンテンツに応じた広告配信

こうしたニーズに対応する一つの手段は、メディアコンテンツの閲読行動をベースにオーディエンスターゲティングを行う手法である。

コンテンツを閲覧ないし視聴するユーザーがどんな商品カテゴリーへの関心が強いのかをセグメントする仕掛けが必要だが、まずは特定の商品カテゴリーに関心を持ったユーザーに、タイミングよく広告を表示させた方が広告効果が高まるというのが筆者の考え方だ。

もともと行動ターゲティングという手法が登場した際、広告配信先のクッキーデータを提供する会社と掲載面を提供する会社が別々の場合、広告配信料は基本両者で折半するモデルであった。そのため広告配信先のクッキーデータを広告主が持っているケースでは、広告主は掲載面分の広告料だけ負担すればよいという構図となる。

よってメディア側が主導権を持つ従来型の広告メニューでは、ターゲティング精度が高まれば高まるほど広告単価は高く設定できるが、広告主のクッキーデータにもとづいて広告配信を行うリターゲティング広告では、ターゲティング精度が高くても単価を上げる理由にはならない。

配信対象に競合してくる他の入札者がいなければノンターゲティングと単価は変わらない。こうした要因も重なりリターゲティング広告市場は拡大した。またより丁寧なリターゲティング広告（注文したユーザーには同じ広告を配信しない、適当な接触頻度と配信間隔を維持するなど）の精度を高めて、「質の高いリコメンド広告」としてユーザーベネフィットを確立できればさらに大きく拡大するだろう。

正直、現在のリターゲティング広告は「ユーザーの心理」まで見込んだ広告配信を実現できているとは言えない。ストーカーのようにしつこいリターゲティング広告を見ていると表面上の数字では見えないが、ブランド毀損につながっているケースもあるだろうと思う。短期的には顧客獲得に成功しているが、中長期では顧客を逃しているとも言えるだろう。

関心にもとづくマーケティングは、そもそも元来広告が担ってきた役割への原点回帰と言える。広告主主導での広告配信も現実には可能となったが、それだけを繰り返していても事業の継続的な発展にはつながらない。そこで役立つのは広告主が自前ではリーチできないユーザーに対してリーチが可能なメディアという存在である。

メディア側としてはテクノロジーを活用し閲覧行動に応じた広告配信を実現したい。その際に重要なのが結果の学習だ。メディアが保有するコンテンツをベースにユーザーセグメントを行い、特定の商品カテゴリーへ広告配信を行った結果を学習してセグメントの精度を高める必要がある。是非メディア各社にはチャレンジしてほしいものだ。

第8章

10年後の広告業界

次の10年間で起こる業界構造変化

さらにここから、これからの10年で広告業界に起こる構造変化を予測してみよう。筆者が考える既存プレイヤーの衰退と拡張、新規参入組のタイプを整理した。

①電通イージス・ネットワークのさらなるグローバル化
②電博以外の総合広告代理店の衰退
③デジタルエキスパートの台頭
④IT、コンサルティング系企業の異業種参入
⑤ネット広告代理店という業態からの脱皮
⑥黒船たちが再進出
⑦新たな仕組みのハウスエージェンシー

電通イージス・ネットワークのさらなるグローバル化

電通イージス・ネットワークのグローバル化はますます加速するだろう。日本企業がグローバルマーケティングを推進すればするほど、日本企業の予算を日本の外から電通が獲得するという事態が増える。

日本企業のグローバルマーケティングの主導権を、グローバルエージェンシーの海外拠点が持つということも十分考えられる。「日本のやり方ではグローバル展開が厳しいので、米国〇〇のマーケティング手法を使ってグローバル展開を図ろう」。こんな話がでてくることもありえる。こうした展開が現実化すれば日本だけでコツコツとマーケティングをやっていても、太刀打ちできない状況になることは明白だ。

電博以外の総合広告代理店の衰退

電博以外の総合広告代理店はさらに苦しくなる。
電通はグローバル化を急速に進めているので日系広告代理店の中では一人勝ちするが、国内市場だけで見ればやはり博報堂は強敵であり、特にテクノロジーに強いデジタル・アドバタイジング・コンソーシアムを傘下に持つ博報堂に分がある面も多々ある。

電通がグローバル標準のテクノロジーを中心に導入してきた場合、国内広告主のかゆいところに手が届くテクノロジーを提供できる会社の方が、日本市場だけを見れば優位に展開できる可能性もある。

いずれにせよ、デジタル領域でも電通と博報堂はそれ以外の総合広告代理店に圧倒的な差をつける。もはや追いつくことはできないようにも感じる。そうなると電博以外の総合広告代理店は、従来の総合広告代理店という看板をあえてはずし違う土俵で戦う戦略をとるか、営業のワンストップ体制を見直すか、戦略、体制の見直しが必要となるだろう。

総合力で勝負にならないのならワンストップ営業には意味がない。むしろ広告主のプロ化に対応して営業に専門性の高い人材を配置し、専門的なサービスの販売力拡大を狙った方がよいだろう。従来の広告代理店における分社化は、本体の営業の配下にスタッフ機能として組み込まれることが多かったが、高い専門性を持った営業会社を機能分社していく方向性の方が正しい。

デジタルエキスパートの台頭

デジタルコンテンツ開発、オウンドメディア開発、ソーシャルメディア施策などを企画実施できる専門家集団が注目を浴びるようになる。第6章でも述べたように広告主が必要としているのは、既存の広告フォーマットで表現する「クリエイティブ」だけではなく、戦略ＰＲ視点でのクリエイティブ開発だ。「情報クリエイティブ」、広告というスタイルから脱却した「ブランデッドコンテンツ」、また「読み物」や「映像」ばかりでなくサービス開発やビジネス開発の領域まで踏み込まないとできないことが多くなった。

この領域まで広がると従来の広告代理店が持つ機能やその協力会社だけでは対応できない。テクノロジー視点での発想、ゲーミフィケーションの発想、先端的なアート的発想など、広範囲な人材の発想力を結集しなければ成り立たない。

大手広告代理店ではマス広告の扱いをともなわない仕事には、一流スタッフをアサインすることはない。それ以前に、仮に案件を受注したとしても営業が「誰に頼めばよいのかわからない」という事態も起こっている。であるならば広告主は直接専門家へ発注した方がよい。

テレビ広告やキャンペーン企画を発注するのとは違い、オウンドメディアから発想するコンテンツ開発やデジタルを中心としたマーケティング施策の展開は、単発のアイデアによる提案で選ぶというよりは、開発コンセプトがしっかりしていて実績もある専門家とパートナー契約し「あうんの呼吸」で企画・実施・検証を回していくことが重要だ。広告主もこの領域の専門家に関しては決して「選び放題」ではないので、優秀な人材は競合会社に取られないように囲い込んだ方がいいだろう。

ペイドメディアの扱いを前提とするビジネスモデルではないので、売上高で比較すると広告代理店より小さな規模となるだろうが、そもそもの収入総額や広告主サイドから見た存在感や評価で言えば、広告代理店を凌駕する専門家集団が業界におけるその知名度をどんどん高めることになる。

ＩＴ、コンサルティング系企業の異業種参入

企業におけるデータマネジメントプラットフォーム（ＤＭＰ）の導入は、マーケティングの根幹に関わる出来事だ。だからこそ広告代理店も企業へのデータマネジメントプラットフォーム導入に必死になっている。しかし広告代理店が関わることができるデータマネジメントプラットフォームは、デマンドサイドプラットフォーム（ＤＳＰ）の機能拡張版としてのデータマネジメントプラットフォームであり、本格的なプライベートデータマネジメントプラットフォーム導入に関わっている広告代理店はほとんどないのではないだろうか。

というのも、本格的なプライベートデータマネジメントプラットフォーム導入においては、顧客データベースが格納されている企業のＣＲＭシステムや基幹システムなどと接続しないと意味がない。いわゆる情報システム部の領域となるが、そこにはシステムインテグレーターがしっかりと関係を作っている。

これらの動きを察知し各システムインテグレーターも、情報システム部門からマー

ケティング部門への領土拡大を虎視眈々と狙っている。

システムインテグレーターもゼロからシステムを開発する案件は少なくなっている。収益を拡大するためにも、彼らは情報システム部だけを相手にしているわけにはいかないのだ。営業、マーケティング部門の上流工程に食い込み、マーケティング領域でのテクノロジー活用を推進する必要がある。ＩＢＭも最高技術責任者（ＣＴＯ）と最高マーケティング責任者（ＣＭＯ）が一堂に会するカンファレンスを開催している。

一方、ＷＰＰのマーティン・ソレル社長は、スタッフに対して従来コンタクトしている最高マーケティング責任者に加え最高技術責任者にもコンタクトを取れと檄を飛ばしている。このような状況が進む中、筆者はマーケティング領域へのテクノロジー導入、運用に関してスキルのある「テクノロジーに強い広告代理店」のような存在は極めてニーズが高いと考える。

こうした業態は、アクセンチュアのようなシステムコンサルティング系やＩＢＭ、富士通のようなシステムインテグレーター系などから別会社が設立され、マーケティング領域に進出してくると予想している。

当然、既存の広告代理店と競合する。広告業界の人材もどんどんそちら側へ流れるかもしれない。マーケティングやコミュニケーション設計を知らないシステム系の人材だけで広告主の課題を解決するのは到底無理なので、人材獲得とスキルセット構築がうまく行けば一定の勢力を持つことになるだろう。

ネット広告代理店という業態からの脱皮

日本のネット広告代理店という業態は独特の存在だ。それを端的に表現するなら検索連動型広告を主体に顧客獲得単価の最適化を目標とした活動にフォーカスしていることだと言える。

いま彼らはネット広告代理店という業態からの脱皮を志向している。収益性で言えばネット広告代理店の収益モデルは決して高くはない。人件費がかさむ一方、ネットメディアだけを扱っているようでは差別化が難しく価格競争に晒されたままである。

サイバーエージェント、オプト、セプテーニといった主力ネット広告代理店は、それぞれ方向性は異なっているが、いずれも広告代理店ビジネス以外の事業開発に積極的にチャレンジしている。総合広告代理店に比べるとはるかに迅速な経営判断と、若手がどんどん登用される文化でトライ&エラーを進めている。その結果いくつかの事業で成功例を生み出している。

逆の発想をするとマーケティングやコミュニケーション設計に関わるスキルを向上

させて、次世代型のマーケティングを担うという「使命感」がどこまであるか。Ｂ２Ｃのゲーム開発での収益が高まればそちらへの投資を多くし、むしろ広告代理店モデルからの脱却を図る。それが次世代型の広告代理店の方向性を確立するのだろうか。会社として高度なスキルを持ちマーケティングを実行できる人材の開発に力を注ぐのかは微妙である。

　ただ、ソーシャルメディア、デマンドサイドプラットフォーム、データマネジメントプラットフォーム、トレーディングデスクなど足を突っ込んでおかなければならない分野へ素早い進出を果たしているので、機能再編することで電博以外の総合広告代理店よりも次世代型の広告代理店を作る素地ははるかに高い。彼らが広告代理店以外の領域の会社と組むことで新たな価値を生む可能性も高い。

　検索連動型広告のオペレーション中心では付加価値は高まらない。ハイエンドなコンサルティング力と分析力をものにして業態再編を行うのか、サービス提供会社としてサービス供給にシフトしていくのか模索されるだろう。

黒船たちが再進出

現在起こっているパラダイムシフトは、外資系広告代理店にとって再進出の最大チャンスである。日本独特の市場は外資系広告代理店にとって大きな障害となっていて、特にマスメディアの広告枠購入には手が出せない状況が続いている。

しかし、「枠もの手売り」モデルから、デマンドサイドプラットフォームを活用しオーディエンスデータにもとづいた広告配信という新たな仕組みの登場を機に、彼らは再参入を図ってくるだろう。成長性が低いとはいえ世界全体を見渡せば日本市場はまだまだ圧倒的な存在感を持つ。デジタル化とグローバル化が同時並行で進む中、日本企業のグローバル化への対応ニーズは高まっている。いまこそグローバル標準のデジタルマーケティング手法を逆輸入するチャンスなのだ。

ＷＰＰは世界的なオーディエンスデータ購入会社であるザクシスを、ピュブリシス・オムニコム・グループもグループ内のトレーディングデスク会社に統合再編をかけて参入してくるだろう。またグーグル、フェイスブック、アマゾンなどのグローバル企業内の人材がスピンアウトして広告代理店的な立ち位置でのコンサルティングサービスを提供することも考えられる。もっともこうした場合は、グーグルやフェイスブックに在籍した日本人ということになるだろうから厳密には外資系とは言えないが。

またＩＢＭ、アクシオム、ワンダーマンなどのデータ領域を得意とする企業の躍進や、グローバル企業が採用しているデータマネジメントプラットフォーム提供会社が広告主とともに日本へ上陸するパターンもあるだろう。さらにアドテクノロジー企業から派生し、広告代理店的な機能を持つ会社もいくつか登場すると思われる。

新たな仕組みのハウスエージェンシー

恐らく呼び名は「ハウスエージェンシー（一広告主専属の広告代理店）」とはならないかもしれないが、大企業のデータを事業横断で扱いプライベートデータマネジメントプラットフォームを運用しつつ、プライベートデマンドサイドプラットフォームも運用する担い手を、企業自身が機能分社化によって設立する動きが出てくるだろう。既存でハウスエージェンシーを持つのなら、そこが担うことが望ましいだろうが残念ながらスキルがない。ホールディング会社であれば、事業会社を横串にして事業部と商品横断での広告運用とデータマーケティングの実行が可能となる会社が次々とできる。

10年後のシェア推移予想

最後にこれから10年の広告業界における各プレイヤーのシェア推移を予想した。年々異業種参入が進む中、激しいシェア争いが展開されることが予想される（図1）。

インハウスマーケティングラボと次世代型ハウスエージェンシー

今後、企業は自社内から横断的に、かつ広告代理店を含む外部からも人材を集め、ブランド横断的なデータマーケティングの研究と実施のためのインハウスマーケティングラボ設立の動きが必ず起こると筆者は予想する。

知見を集めるというR&D的な意味合いだけではなく、企画実施をともなうチームを作ることが企業側にスペシャリストを養成する際の決定打になるだろう。この動きは企業内で進むケースと、そのままスピンオフして次世代型のハウスエージェンシー化するケースの2パターンが考えられる。

図1で「その他の広告代理店」がどんどんシェアを減らしていく最大の要因は、彼らの主たる広告主である中小広告主がオンラインで直接広告枠の買い付けをはじめるようになるからだ。また大手広告主の広告コミュニケーション活動がインハウス化していく傾向が強くなり「その他の広告代理店」が入り込めなくなる。

広告主のこうした動きに合わせたコンサルティングや人材供給ができる広告代理店は新たな収益モデルを確立できるが、そういったケーパビリティのない「その他の広告代理店」は残念ながら消えていくほかない。

大手広告主を筆頭に、広告枠買い付けを含む広告マーケティング活動を自社で行う流れはグローバル規模で間違いなく起きる。広告代理店はそのトレンドにどう向き合うか、そのあたりが生き残りのための大きな課題の一つだろう。

図1：10年後の各プレイヤーごとのシェア推移予想イメージ図

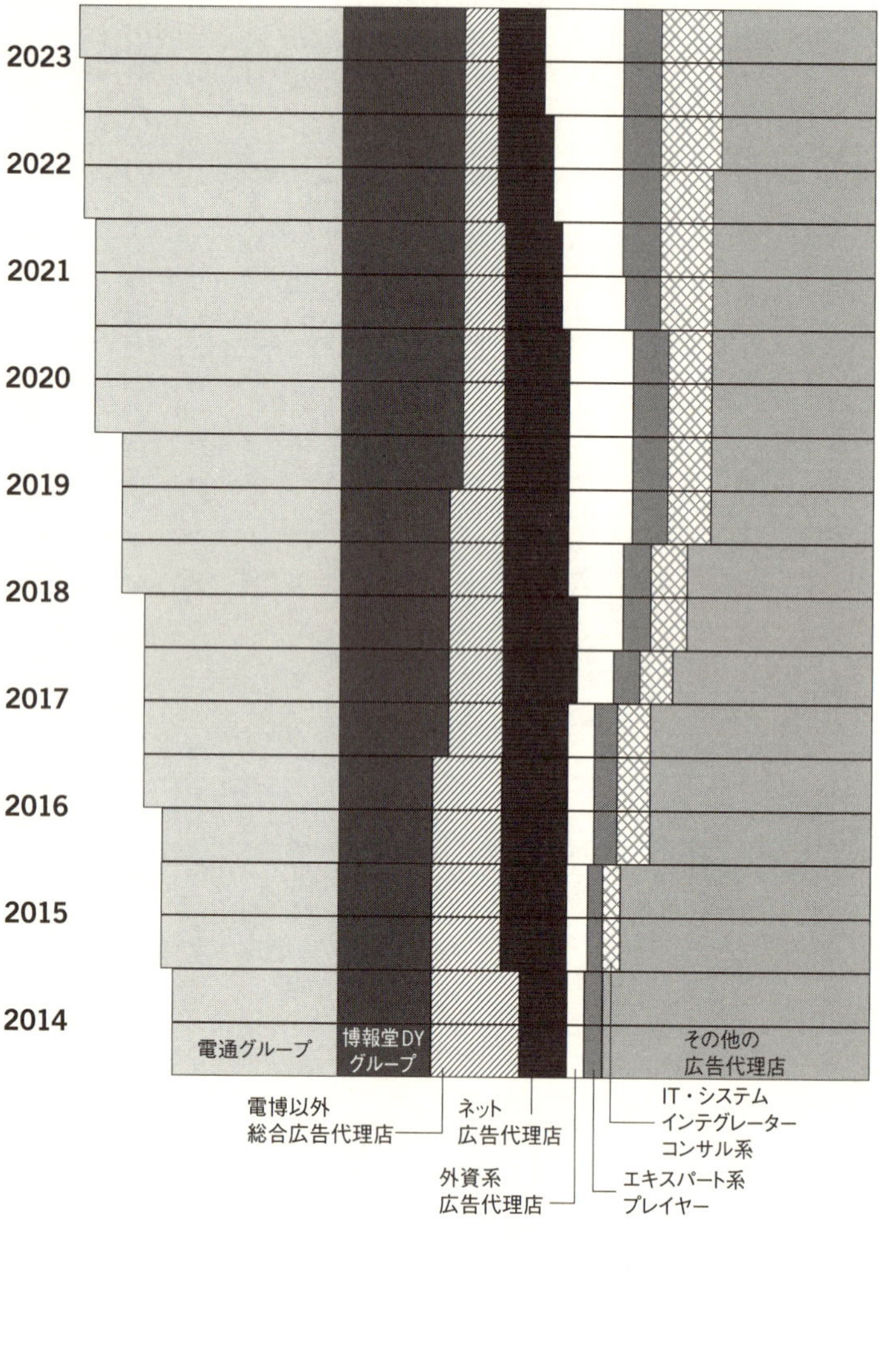

第9章

広告主、メディア側から見た存在価値

広告枠売買の「代理」から、マーケティングの「代理」へ

広告主はいま広告代理店に何を求めているのだろうか。キリンビールで長く広告関連業務に関わり、現在は日本インタラクティブ・マーケティングの代表取締役として、マーケティング支援業務を行う真野英明氏に横山隆治氏が迫った。

従来型メディアにデジタルが加わった環境をとらえる

横山　広告代理店は広告「代理」店という言葉が表しているように、企業が広告枠を買う代理、あるいはメディアが広告枠を売る代理を担ってきました。そのための職能開発をしてきた歴史があるので、なかなかいまの環境変化やそれにともなう企業のニーズの変化に対応できていない部分があると感じています。

真野さんは、キリンビールで長らく広告関連の業務をされ、現在はデジタル関係を中心にマーケティングのコンサルティングをされていますが、まずは昨今のコミュニケーション環境の変化についてうかがえますか？

真野　大きな変化として、2点挙げられると思います。まずは、デジタル領域を中心に消費者接点が増え、コミュニケーションが複雑になっていること。皆さん感じていることかと思いますが、いまはテレビ広告だけやっておけば、新聞だけ押さえておけばいい時代ではありません。かといって、「デジタル」だけをやっていればいいわけでもない。それに、デジタルと一言で言ってもプッシュ型からプル型までさまざまで、手法も次から次へと出てきます。これをすべて把握するのは、広告主にとっても広告代理店にとっても容易なことではありません。

もう一つの変化は、デジタル化にともなう企業の組織の変化です。ＪＡＡ（日本アドバタイ

デジタルインテリジェンス 代表取締役
横山隆治氏（写真右）
日本インタラクティブ・マーケティング 代表取締役
真野英明氏（写真左）

ザーズ協会）でも課題になっているのですが、担当者レベルではデジタル領域に積極的でも、宣伝トップの皆さんがなかなか追いつかない現状があります。その中で抜きん出ていく企業は、前述の環境変化に合わせて、組織とミッションを見直しはじめています。

横山　大手企業でもですか？

真野　そうですね、全体からいうとまだまだ少ないですが。でも考えてみれば、以前はカタログでモノを売っていた通販企業でも、オンラインが主戦場になっているケースが少なくないですし、代理店販売が中心だった航空券などはオンライン中心になってますよね。環境変化にともなって売り方やアプローチが変わっているのですから、組織も考え直さないといけないというのは自然かと思います。

横山　デジタルへの対応という点では、もしかしたら消費者の方がスムーズにできているのかもしれませんね。

真野　それはあると思います。都市部ばかりかと思いきや、実は地方でも広告のデジタル化が進んでいますし。我々が地方の広告代理店をお手伝いする際、1週間分の新聞チラシを取っておいてもらうんですね。それでメールアドレスや二次元コードなど、デジタル化がどの程度進んでいるかを見るのですが、都市部とほとんど変わりません。

東北のあるスーパーで、電子マネーのカードを導入したところ、おばあちゃんたちが「これ小銭が要らなくて便利ね」と言って自然に使っている、という例もあります。デジタルデバイスの活用促進で重要なのは、お客様に利便性をご理解いただくよう教育することです。それによりマーケティングが激変します。

とはいえ、従来の手法がデジタルに取って代わったわけではなく、デジタル領域に触れていない人だってまだ多い。逆に、テレビを見ない人、新聞を取っていない人、でも車通勤でラジオは聴く、という人もいます。デジタルの話題が挙がるとつい、それで得られるデータの活用は、といった方向に目が行きがちですが、従来のメディアを含めた環境も把握する必要がありますね。

広告主は司令官、広告代理店は戦略パートナー

横山　複雑化するコミュニケーション環境をとらえることは、広告主にも広告代理店にも求められていることかと思いますが、スピードも速いだけに、おっしゃる通り簡単ではありませんよね。

真野　そうですね。当然、状況把握だけでなく、それを持って施策を立て実行し、効果を検証して次へ活かすというマーケティングのＰＤＣＡを回していかなくてはいけない。

　これまでの広告代理店は、そこに入り込めていなかったと思います。冒頭でおっしゃったように、あくまで「代理」業の出入り業者で、前述のＰＤＣＡは基本的に広告主側のマーケティングセクションが担っていました。

　でも、いくらデジタル化によって豊富なデータが広告主に集まったとしても、それを分析したり最新の技術を勉強したりしながら最適な道を選び取っていくのは、正直申し上げて広告主の内部だけではもはや無理だと思います。

　これには、人事異動の問題もあります。基本的に広告主企業ではその業種におけるジェネラリストを養成するために、部門のローテーションが行われます。宣伝部、しかも同じ商品を5年10年担当する人というのは稀です。むしろ広告代理店側の担当者の方が過去の履歴に詳しい、などということも珍しくない。

横山　確かに、そういうことはありますね。で、担当者が変わると同じ失敗を繰り返すという。

真野　環境や状況が違うので失敗してもいいと思うのですが、やはりそこは前回の経験を踏まえて比較しながらトライすべきですよね。そうでないと、またゼロからのスタートになる。

　そんな状況を踏まえると、これから広告代理店が担うべきは、広告主が司令官として正しく判断することに集中するためのお手伝いだと思います。言い換えれば、マーケティング戦略パートナーの役割です。

横山　出入り業者から、戦略パートナーへ。ずばり、本書のテーマである「次世代型の広告代理店」の姿ですね。

真野　ええ。昔から、そうした関係を築いて成果をあげてきたケースはありますし、そのように変わろうとしている広告代理店もでてきていると思います。でもまだ多くの広告代理店では、とにかく広告枠の発注を目指して広告主を訪問し、株価や天気の話をし、発注をもらったら「あとはクリエイティブ部門よろしく！」という感じで手を離していく。そんな仕事が中心なのではないでしょうか。

新しい技術や手法にしても、いち早く勉強して提案するのは悪いことではありませんが、それが本当に担当企業に必要なのか、という視点が欠けていることが多いと思います。それでは施策が単発になってしまい、広告主の立場に立ってマーケティングの戦略パートナーとしてお手伝いをしていくことはできませんよね。

コンペ形式で得られるアイデアはあくまで個別最適解

横山　なるほど、なかなか耳が痛いお話ですが、確かに戦略パートナーになるべきだというご指摘には共感します。僕自身、そういう立場でさまざまな企業の仕事に鍛えられてきた部分は大いにあると感じています。

　領域が広がっているからこそ、広告主がもう追いきれず、そのサポートをしてほしいというニーズはいますごく増えていると僕も思います。一方で、長期的なパートナーを得ることと、コンペでエージェンシー同士を競わせてよりよいアイデアを得ることとは、両立させづらいとも思うのです。

　競わせることによるメリットは大きいですが、いまの時代、ブランド横断的なアプローチが必要だったり、そもそもマーケティングを変革していこうとする企業もではじめていたりするので、広告主も広告代理店もコンペ形式から離れたアプローチをしていくべきなんでしょうか？

真野　そこは広告主企業もまさに模索しているところです。長らくコンペ形式がメインでしたから、環境変化を考えるとシフトしていくのが自然かと思いますが、その際、コンペ形式で得られていたアイデアが研鑽される部分は何らかの方法で得ていくべきでしょうね。

　また、冒頭で組織の課題にも触れましたが、広告、販促、広報などのマーケティングに関わる領域がまだ縦割りになっていて、予算でも人材の面でも統合して力を最大化できるような体制になっていないと思います。ようやく、デジタル領域の中で、広告出稿やオウンドメディアでの発信などが統合されはじめたところでしょうか。

横山　ペイドメディアだけだった時代は「代理」店の機能で済んでいましたが、オウンドメディア、アーンドメディアと広がると、やはり広告主の人でないと全体を把握できませんよね。それを考えると、逆に広告代理店がサポートできる範囲が狭まっているようにも感じますが。

真野　これからは、広告主がマーケティングデータを戦略パートナーの広告代理店には開示していく必要があると思います。マーケティングデータを開示しない中でのコンペ形式では個別最適解しか得られない。

でも、これからは、あくまでトータルのマーケティングを共に考え、データも統合的な活用を検討できるようなパートナー関係を広告代理店に求めた方がいいと思いますね。

広告枠売買の「代理」から、マーケティングの「代理」へ

横山　これまでお話をうかがっていて、米国の状況を思い浮かべました。アメリカは広告代理店の収益モデルの幅が広く、コンサルティングを担うケースも多いので、例えば新しい技術が出てきたとき、コンサルティングを担当する広告代理店がそれを評価することがよくありますよね。日本でも、新しい技術を試すかどうかといった判断は、一般的な広告主だとなかなかできないのではと思います。

真野　まさにそうだと思います。だから、これからの広告代理店はコンサルティングができることが重要になってきます。逆に言えば、広告主にはそういう役割のパートナーが必要です。

それがないので、いまコンペをしても、結局どの広告代理店に頼んでも同じテクノ

ロジー会社が請け負う、といったことが起きている。それなら、最初からその会社とつながれたらいいですよね。また、中立な立場でテクノロジーの評価をしてくれるパートナーが、いま求められているのです。

横山　広告枠の売買の「代理」ではなく、マーケティングの「代理」ですね。

真野　そうですね。そういうパートナーがまずいて、その先にテクノロジー会社などの個別のエキスパートがいる、という構図です。今、個別手法はそれぞれの専門事業者がどんどん質の高いものをリリースしていますから、メールマーケティングはこの事業者、ダイレクト系はこの事業者、とタッグを組むプレイヤーを選んでいけばよい。それを広告主だけでやるのは難しいので、選定や調整をしてくれる広告代理店が必要だということです。

横山　では、そんな戦略パートナーとしての関係を築くためには、どうしたらよいのでしょうか？

真野　少し遠回りかもしれませんが、「広告主を育てる」発想が大事ですね。他社の事例などを集めて傾向を伝えるなどして、広告主に勉強してもらいながら、自分たちも現状の環境に適応するように育っていくというやり方がいいのではないでしょうか。

以前、地方の広告代理店のコンサルティングをした際には、まず営業担当者全員にウェブの無料の解析ツールの操作・分析方法を研修させていただき、顧客先にそのツールを導入し、その分析結果をもとに広告主に提案するように促しました。すると、顧客の課題や志向がわかり提案が通るようになりました。

世の中が変わっているのですから、自分たちも変わらなくてはいけないし、同時に広告主にも変わっていただくよう提案する。そうすると、おのずと戦略パートナーとしての考え方になっていきます。

特に、最初にお話ししたように、広告主は組織体制に課題を抱えていることが多いので、その部分にまで働きかけて実際に組織が変わっていくと、その後の仕事がずっとしやすくなります。

横山　広告代理店がいくら優秀な戦略パートナーになりえても、広告主内のマーケティングが分断されていたり、先ほども挙がりましたが予算や人材が最適に配分されていなかったりしたら、タッグとして力を発揮できないということですね。

真野　ええ。もちろん簡単ではありませんが、長期的なパートナーになろうとするなら、そこから育てる視点が重要だと思います。

広告主の事業や顧客を知り尽くす、地道な努力を怠るな

横山　先ほど分析ツールの話を例に挙げられましたが、マス広告の運用やイベントの運営などの実施系の業務に比べて、広告代理店はコンサルティング力や分析力が弱いですよね。かといって、データサイエンティストと呼ばれる人材が外部から来ても、広告業界のロジックがわからなければ仮説立てなどはできません。

真野　そうですね。「マーケティングにおける分析」が重要だと思います。

横山　僕はそこで、広告代理店のマーケティングプランナーやストラテジックプランナーがこれまでやってきた、定性調査にもとづいた仮説立てのスキルが活きてくると思うのです。いま、データマネジメントプラットフォーム（DMP）に大きな期待が寄せられていますが、それを使って定性的な仮説立てを実証しようとするアプローチがあまりに貧弱です。ぜひ、マーケティングプランナーやストラテジックプランナーの人たちには、この流れに気付いてキャッチアップしてもらえたらと思っています。

真野　定性情報と、傾向を見る定量情報も併せてどう使っていくかが課題ですね。どれだけ情報を集めて分析しても、それをフィードバックしてPDCAを回していかなければ仕方がないので。

「次世代型の広告マン」を目指す皆さんには、そんな自分のスキルの見直しやチューニングもしながら、自社のこれからのポジションを確立していってもらいたい。この仕事は、どういう広告主と組むかによっても力の発揮具合が変わってきますから、チャレンジングな姿勢の広告主に出会えるといいですね。仮にそうでなくても、イエスマンにならずに、他社や市場の情報を提供して刺激して広告主を「教育」していけばいいと思います。

横山　ニュートラルな視点で広告主の将来を考えると、それも必要なことですね。

真野　そうです。いま、マーケティング領域にいわゆる大手コンサルティング系の会社なども参入しはじめていますが、広告代理店がこれまで培ったような広告宣伝のコミュニケーションに関するノウハウなしには、かなり難しいと私は思っています。

ただ、日本の広告代理店がもっと努力すべきなのは、広告主の事業や顧客についてよく知るという点です。米国では、マーケティングの企画を頼まれたら広告代理店はクライアントの工場から販売現場からすべて歩き、開発者の話を聞き、顧客の声もよく調べる。そういうことにすごく時間を費やします。それに、クリエイティブテスト一つとっても、日本では十分に行われていません。最新の技術などを勉強する一方で、そうした地道な努力も怠らないでほしいですね。

横山　その点は、次世代だとかは関係なく、仕事の原点に戻って改める必要がありますね。

真野　ええ。また、環境がいくら変わっても、何らかのクリエイティブによって人の心を動かすという広告の原点も変わりません。これまで自分たちが蓄積した経験や知見を活かして、マーケティング戦略パートナーへと進化していってくれることを期待しています。

対談者プロフィール

真野英明（まの・ひであき）

１９４９年生まれ。慶應義塾大学商学部卒業。キリンビール メディア担当部長、eビジネス推進室長、日本アドバタイザーズ協会「Ｗｅｂ広告研究会」代表幹事、日本ラジオ広告推進機構代表を歴任。現在は日本インタラクティブ・マーケティング代表取締役を務める。

メディアの価値を深く理解したプランニングを

メディアと広告代理店は今後どのような協力関係を築いていけばよいのだろうか。日経電子版の広告セールスプランニングと日本経済新聞社のデジタル事業推進を担当する、日本経済新聞社　デジタルビジネス局　プロデューサー（対談収録時）戸井 精一郎氏に横山隆治氏が聞いた。

わかりやすい「売り方」から抜け落ちたメディアの価値

横山　本書では、かなり厳しい言い方ですが、広告代理店で昔流の仕事のやり方をしている8割の人が職を失うのではないか、と提示しています。その中には、戸井さんがメディア側の人として接してこられたメディアマンも含まれますが、メディアの情報や顧客データなど、かつて広告代理店が情報優位に立っていられた環境が変わりつつありますよね。

特に顧客データに関しては、テクノロジーの発展によってメディア側も広告主側も膨大な情報を入手できるようになっています。だから広告代理店のメディアマンもそれを加味して、リーチできるユーザーの「質」に注目した思考を持ってプランニングしないといけないのではないか。そう変わるべきときにきているのでは、と考えているのですが、特に付加価値の高いユーザー（読者）をお持ちの日経でのご経験を踏まえて、戸井さんは現状に対していまどのような見解をお持ちですか？

戸井　おっしゃる通り、ユーザーの質は当社でも非常に重視しており、それが競合メディアに対しての大きな差異化要因になると考えています。

デジタルインテリジェンス 代表取締役
横山隆治氏（写真右）
日本経済新聞社　デジタルビジネス局　プロデューサー（対談収録時）
戸井 精一郎氏（写真左）

もっとも象徴的な取り組みが、現在300万件にのぼる日経IDの発行によるユーザーデータベースの一元管理です。日経電子版の取り組みに端を発する部分が大きいですが、取得できるユーザープロフィールやログデータを活かして、単なるインプレッションやクリック数ではない指標を持って当社のメディアの価値を広告主に提供できないか、模索しているところです。

日経IDの取り組みについては後ほどまた触れさせていただくとして、現状をどう見ているか、という点からお話しすると、まずは多くのメディアにおいて、デジタルの発展の一方で残念ながら既存の紙メディア市場は縮小傾向です。とはいえ、デジタル領域の売上が紙の分を補完しているかというとそうではなく、全体としても何とか持ちこたえているという状況です。

広告代理店の方もメディアの方も皆さん痛感しているかと思いますが、効果測定が容易になったことで、既存の広告に対する広告主の目が非常に厳しくなりました。加えて従来型メディアは、ネットを中心に次々と登場する新しいメディアとも戦っていかなければいけない。ですが、これもかなり押され気味です。

これらは言ってみれば、既存メディア側がきちんと対応してこなかったことが原因だと考えています。いま、広告主の方がどんどん勉強し進化して、たくさんのデータを持つようになっています。交渉相手の方が詳しい領域では、当然ながら不利になりますよね。

横山　その点では、間に入っている広告代理店にも問題があったのでしょうね。

戸井　そうかもしれません。端的な例が、クリック単価での評価です。もちろんクリック単価で売るのが適した刈り取り型のメディアもあるでしょうが、それと需要創造型のメディアを一緒くたにしてやってきたのが問題だったと思います。

　メディア側は、もっと自分たちの付加価値を明確にする努力をすべきでした。デジタルの拡大についていけないメディアと、マーケティング知識の浅いネット広告代理店の悪い相乗効果で、クリック単価やインプレッション単価といったわかりやすい売り方に流れてしまったのです。

「コスト・パー・認知」でメディアの価値を評価する

横山　でも、それだけではメディアの価値は測れないのは明らかですよね。

戸井　ええ。日経グループでは昔から「ページバリュー」という考え方を提唱し、ウェブサイトの価値は規模だけでなく、表示コンテンツと閲覧しているユーザーの質を合わせた三つの軸で考えています。そのため、日本の他のメディアに比べれば広告単価は高い方だと思いますが、海外のビジネス系メディアはもっと高いです。

横山　クリック単価やインプレッション単価で売るべきではないという議論と同時に、それでは売れなくなってきた、という現状もあると思っています。その背景にあるのが、動画の活用です。いま、一部の広告主は〝コスト・パー・認知〟とも言える認知の獲得に注目し、ネット動画によるブランド認知や態度変容を調査しはじめていますが、それが実はクリックと相関しないことがわかってきたのです。

　ＷＰＰが、動画でどうやって認知などが取れるのかをこの2、3年かけてじっくり実験したところ、メディア価値を相対的に高くつけているプレミアムな広告枠と、そうでない広告枠では大きな差があるとはっきりわかったそうです。それでプレミアムな広告枠の購買に躊躇しなくなった。

戸井　動画広告が出てきたことが影響しているというお話は、よくわかります。動画の登場によって、広告主がクリックではなくリーチで選ぶ価値観を持ちはじめました。よく考えれば、これはきわめてまっとうな広告の価値観なのですが。

横山　言われてみれば、確かにネット広告は独自の発展をしてきましたが、ここへきて揺り戻しが起きている印象があります。例えば米国では既に、テレビ広告を補完するものとしてネット動画が定義づけられ、メディアプランニングがされています。もちろん、テレビ広告を放映するような企業にとってネット動画の割合は大きくはないのですが、仮に10％でもテレビではリーチできない層に確実にアプローチできる手段として、使われているのです。

デバイスを横断してさまざまなユーザーにアプローチするという統合的な視点は、これから日本にも必要になると思います。その全体設計が広告代理店の仕事になっていくのでしょうが、現状では現場レベルだとなかなか難しい。マーケティング責任者となら、上質な顧客の開拓によって需要を創造していくというマーケティング目標にもとづいて話を進められるのに、担当者同士になるとやはり獲得単価の話になってしまうんですね。

戸井　クリック単価や獲得単価で考えるべきメディアと、ブランド認知に活用するメディアの両方を意識してポートフォリオを組んでもらえるといいですね。動画広告でリーチが取れる、テレビ広告を補完するという話になってはじめて、広告の本流の傘の中でデジタルをどう使うか、という思考で考えられるようになってきたと思います。

ただ、我々だけが「リーチ保証」というような概念を打ち出しても、他社が皆インプレッション保証のままだと広告代理店に扱ってもらえません。そこは、市場と対話しながら進めるべきなのでしょう。

日経の「ＡＢＣバリュー」
――信頼性、ブランド力、文脈

横山　ネット広告でもリーチを重視するようになったことで、おのずと優良コンテンツを有するメディアほど効果が上がるという状況になってきていると思います。優良コンテンツや質の高いユーザーの収益化について、日経ではどう取り組まれているのですか？

戸井　その試みの一つが、冒頭で少しご紹介した日経ＩＤの活用です。今年、日経電子版で使用するこのＩＤのデータベースに、日経ＢＰの記事を閲覧するための日経ＢＰパスポートを統合し、５００万件以上のデータベースを整備する予定です。ビジネスパーソンを束ねた顧客データベースとしては、アジア最大規模になるのではないでしょうか。

でも、そもそも普通の企業なら顧客データベースを持っていて当たり前なので、メ

ディア企業が遅れているのだと思っています。新聞には報道という機能からいま報じるべきニュースがまずあり、読者が求めるものだけを発信してきたわけではないので、読者の顔が見えないままコンテンツをつくってきた部分もあります。これまでは、ユーザー基盤もコンテンツと同じくらい大きな資産であるということに、あまり目を向けてきませんでした。

ですが、デジタルの時代にメディアが生き残るためには、顧客の見える化は不可欠です。顧客データベースがあればもちろん我々の顧客との関係作りにも活用できますし、広告主を含めた外部のパートナー企業のマーケティングを最適化することにも活用できます。コンテンツの閲覧履歴から興味関心を推測して顧客との関係作りに活かせるのは、メディアの大きな強みですので、これをしっかり展開していく予定です。

横山　まさに、ユーザーデータを活用していくという考えですね。

戸井　ええ。数だけ見れば５００万というデータベースは大きくないと思いますが、我々のデータはユーザーが日経のサービスを利用するために自ら登録したもので、信頼性が高い。言ってみれば、オーセンティック（根拠のある）なデータです。

それから、日経のコミュニティだからリーチできるビジネスパーソンをある程度抱えていること、その人たちが自分と日経との親和性を意識してくださっていることも、単なるデータの集合体にはない特長です。これを活かしたリーチを、「ブランデッドリーチ」と呼んでいます。

加えて、質の高いコンテンツによる、文脈に沿った「コンテキスチュアルアプローチ」ができる。オーセンティックデータ、ブランデッドリーチ、コンテキスチュアルアプローチを合わせて当社では「ＡＢＣバリュー」とし、広告ビジネスにおいても差異化を図っています。単に広告枠を売るだけではなく、ユーザーデータを最大限に活用して、広告も含めたマーケティングソリューションを提供することが、我々の目指す方向性です。

横山　そのうち、広告主とメディアのデータが直結してデータエクスチェンジを行う、などということもありえそうですね。

戸井　ええ、あると思います。

個人情報は預金と同じ、コンテンツやサービスを利子として返す

横山　広告主も勉強している、メディアもそうやって自社の資産を活かそうとしてい

る。しかも、直接つながるかもしれないとなると、果たして広告代理店はどう機能すればいいのか、微妙なところですね。

戸井　データベースを直結させるだけなら技術的に難しくありませんが、問題は、双方にメリットがあるビジネス構造を成立させることでしょう。そこに発生するさまざまな調整を担うのが、広告代理店なのかもしれません。相当な知識と経験が必要だとは思いますが。

ここのところのデータ関連の動きを見ていると、私はこのような個人情報が今後のマーケティングの通貨になっていくなと感じています。広告主が持つ場合もメディアが持つ場合も、いずれにしても個人が自分の情報をどこかに預けて、メリットを享受する、いわば銀行に預金をしているような感覚ですね。そうすると、我々が読者からお預かりした個人の資産を運用し、利子をお戻しするという考え方をしないと資産は目減りします。そのときの利子とは何かというと、サービスやコンテンツです。

横山　なるほど、それはよくわかります。私も以前、データ活用の規制に関する議論の中で、個人情報は個人の財産だから、それをどういう便益とトレードオフするかは個人の自由だと話したことがありました。でも日本人は、個人情報の活用に過剰な拒否反応を示すことが多い。だからこそ、もちろん匿名性は保つ前提になりますが、個人が情報を出してくれるような便益を提示する必要があると思います。そうでないと、データ活用も発展しませんよね。

戸井　そうですね。こちらも、もっとユーザーへの説明に力を入れて、便益を理解していただく必要がありますね。

　そういった便益に、誰彼かまわず表示されるような広告は含まれないかもしれません。一方で、その人に本当に有益な情報が広告として提示されたら喜ばれると思います。我々としては、広告であっても「日経を見ていたら有益な情報が得られた」と思っていただけるような環境をつくっていきたいです。

　やはり、どこまでも読者の視点でものごとを設計していかないと反発を受けますし、我々メディアにとってもメリットになりません。ひいては、我々の有するデータベースをプラットフォームとしてマーケティング活動をしていく企業にも、メリットにならない。特にオーディエンスが資産であると考えるなら、読者の視点が抜け落ちると大きな損失を出す可能性もあるので、十分に注意していくべきだと考えています。

メディアの価値を再認識してプランニングしてほしい

横山　会社として、デジタル活用に本腰を入れて向き合っているのですね。その中では、新しいスキルセットが求められることも多いと思いますが、例えばメディアではどういったことが必要ですか？

戸井　デジタルがわかり、ジャーナリズムがわかり、かつ英語が話せる。…と言っては身も蓋もありませんが、やはり個人で担おうとするには限界があると思っています。日経では、社内とグループから比較的デジタルに知見がある人を集めて、部門として機能させているのが現状です。電子版でも、発行人機能を組織で担うデジタル編成局の下に編集と販売と営業の部門があり、チームでＰＤＣＡを回しています。それは紙の新聞の組織体制と同じですね。

　でも、私が日経ＢＰから出向してきて勉強になったのは、組織体制というよりも、そこで行われているコミュニケーションの量が多いことです。最初は実現不可能だと思ったアイデアも、皆でディスカッションして叩かれていくと現実に即した事業プランになって、決まったら一気に動く。そんな風土が大事なのではないでしょうか。

横山　なるほど。私も本書の中で、広告代理店が進化するためにはデータサイエンティストのような突出した能力の人を連れてくるのではなく、ハイブリッドな人材が生まれる環境を整えることが第一だと書いているのですが、組織的にという点では同じですね。では、メディアとして広告代理店に期待する役割とは何でしょうか？

戸井　一つは、先ほども話が出ましたが、メディアと広告主のデータが直結するような時代のビジネス構築の調整です。もう一つは、やはりメディアの価値を理解して使い方を広告主に提案していただくことです。

いま接触したいユーザーに適切なタイミングでリーチできる、プログラマティック・バイイング（データにもとづいた自動的な広告枠買い付け）が米国で伸びていますが、どの広告枠に価値があるかを最終的に判断するのは人間です。自動で効果を上げるようでありながら、実は改めて人の力が強く求められているのではないか。この点で、幅広い知見にもとづいた広告代理店のプランニングには大いに期待しています。

横山　メディア側も時代に合わせて進化しているわけですから、広告代理店もメディアの価値を常にアップデートしてとらえていく必要がありますね。

戸井　そうしてもらえるとよいですね。我々も、コンテンツやサービスをさらに磨いていきます。例えば動画コンテンツも強化していく方針ですし、「マイページ」のような自分の関心がある記事を集められる機能を強化したりもしています。

横山さんからご説明あったように、いま欧米の広告業界ではプレミアムメディアの広告枠の価値が再認識されています。そうした大きな潮流も踏まえて、メディアを再評価してもらえたらと思いますし、自分としても貢献していきたいと考えています。

対談者プロフィール

戸井精一郎（とい・せいいちろう）

日本経済新聞社　顧客サービス本部副本部長兼ＣＲＭ部長兼デジタルビジネス局

１９６２年生まれ。84年上智大学卒業、同年日経マグロウヒル社（現日経ＢＰ社）入社。以来、専門媒体（紙・ネット）の広告営業と新事業開発に従事。ウェブサイトの評価について、「ページビュー」のみならず、表示された「コンテンツの質」、それを見る「オーディエンスの属性」という三つの指標で立体的に測るべきだと考え、これを「Ｐａｇｅ Ｖａｌｕｅ」（ページバリュー）として提唱。２０１０年に日本経済新聞社へ出向、日経電子版の広告セールスプランニングと日本経済新聞社のデジタル事業推進がミッション。２０１４年２月から現職。

おわりに

広告代理店というのは、メディアや広告主が変わってはじめて自らを変化させる受け身の存在だった。しかしいまは消費者、生活者の行動が激変していることが経営における最大の環境変化ととらえる必要がある。

恐らく大手広告代理店は情報商社としてメディアや広告主とのネットワークを活かして、新たな事業モデルの構築にチャレンジするに違いない。それはもう広告とは縁のない領域にまで進んでいくだろう。それができない会社は残念だが市場から消える運命にある。

デジタルの浸透を背景としたデータマーケティング時代の到来は、システムインテグレーターやコンサルティング企業といった異業種が、テクノロジーの知見を武器に広告、マーケティングの世界に攻め込んでくる時代と言える。いくつかの広告代理店は彼らに呑みこまれるだろうが、彼らが欲しいのは広告代理店のスキルというより宣伝部の口座かもしれない。また外資系広告代理店もメディアの「広告枠」をおさえることから、「オーディエンスデータ」をおさえることへ事業を方向転換する。その結果、改めて参入を試みることになると思う。この潮流をビジネス目線で理解する次世代志向の人材が沢山存在することをふまえ、着々とスキルを磨く人材と次の10年を考えたい、その思いが伝われば本望だ。

本書ではデジタルインテリジェンスニューヨークオフィスの代表である榮枝洋文くんにも奮闘してもらい欧米の最新状況に関する原稿を仕上げてもらった。本書のような内容を執筆できる者は数少ないだろう。

また、第1章の「マスメディアの凋落、メディア間を浮遊するユーザー」はデジタルインテリジェンスで現在インターンをしている大槻開くんに仕上げてもらった。本書が出版されるころには弊社の社員である。

翔泳社さんには『次世代広告コミュニケーション』以来、7年ぶりにお世話になった。編集の押久保さんにはたいへん感謝している。この場を借りて御礼申し上げる。

横山　隆治

ペイドメディア（Paid Media）
新聞・テレビ・サイトの広告枠など、広告費を支払って情報を掲載してもらうメディア。

ペルソナ
年齢・性別・居住地など、あるセグメントにおける代表的な特徴を併せ持った架空のユーザー。その人物に向けたアプローチ、という考え方で商品の企画や設計を行う手法を「ペルソナマーケティング」と呼ぶ。

リターゲティング（Retargeting）
広告主サイトを訪れたことのあるユーザーに対して、メディアサイトでその広告主に関連するネット広告を配信（表示）すること。

リーチ（Reach）
広告の到達率。広告がどれだけのユーザーに配信（表示）されたかの割合を示す指標。

レコメンド
ユーザーの直近の閲覧履歴や購入履歴などから、興味関心がありそうな情報や商品を自動的に判断し、メールの内容やランディングページに反映させることで、購入へとつなげる手法。

（出典：MarkeZine主催セミナー「Webマーケティング基礎講座」の教材をもとに、編集部で用語追加し作成）

は〜れ

パーチェスファネル

生活者の購入までの意識の遷移を図式化したもの。パーチェスは「購入」、ファネルは「漏斗（じょうご）」の意味。

ファーストビュー

ユーザーがはじめてサイトに訪れた際、まず目に入る部分。スクロールしないと表示されない部分はファーストビューには含まれない。

プッシュ型

あらかじめ決められたタイミングや提供側の都合のよいときに、ユーザーに情報を伝えていくモデル。ユーザーは受動的に情報を受け取ることとなる。プッシュ型メディアの例としてテレビ、プッシュ型広告の例としてテレビCMやディスプレイ広告などが挙げられる。

ブランディング

マーケティング活動により、競合他社との差別化を図り、企業や製品が持つ付加価値やイメージを向上させること。

フリークエンシー（Frequency）

特定のユーザーに対して、特定の広告が何回配信（表示）されたかをあらわす指標。

プル型

ユーザーが能動的にリーチしてきたタイミングで情報を提供するモデル。プル型メディアの例としてネット、プル型広告の例として検索連動型広告が挙げられる。

データドリブン

効果測定などで得られたデータをもとに、次のアクションを起こしていくこと。

データベースマーケティング

データベースに蓄積された顧客の属性や購買履歴を参照し、その情報にもとづいてアプローチを行うマーケティング手法。

データマイニング

商品の売れた数や売上額、サイトの訪問者数、果てはその日の天気など、加工や分析がまだ行われていないさまざまな生データをもとに各項目の相関関係から法則性を見出し、マーケティングに活用すること。

デプスインタビュー

対象者とインタビュアーが相対（あいたい）し、基本1対1で対話をしていく調査手法。定性調査の一種。

デモグラフィック（Demographics）

顧客データ分析の切り口の1つ。性別、年齢、居住地、収入、職業、学歴など、その人の持つ人口統計学的属性をあらわす。

トラフィック

ネットワーク上を行き来するデータ量のこと。

トリプルメディア

ペイドメディア、アーンドメディア、オウンドメディアの3つを指す。

ソーシャルメディア（Social Media）
個人による情報発信や人と人の情報交換によってコンテンツが形成される、ウェブ上の双方向性メディア全般。個人のブログや掲示板などもソーシャルメディアにあたる。

た～と

第三者配信（3PAS）
メディアではなく、広告主や広告代理店などが自らのアドサーバーにより広告配信を管理すること。

ダイレクトマーケティング
テレビCMなどを用いた不特定多数の生活者や法人に対してマーケティング活動を行うマスマーケティングとは異なり、特定の生活者や法人に対して直接コンタクトを取り、顧客のデータに応じて行うマーケティング活動。

ディスプレイ広告
バナー広告やパネル広告など、サイト上に埋め込まれて常時表示される広告。クリックすることで、広告主のサイトや商品のサイトにリンクするものが一般的。

テキストマイニング
顧客からの問い合わせやアンケート結果、ソーシャルメディア上での企業に関する書き込みなど、“顧客の声”をテキストデータとして蓄積し分析を行い、マーケティングに活用すること。膨大なデータからいかに重要なデータを抽出するかが課題とされ、さまざまなツールや手法が開発されている。

いる顧客に対し、関連商品を一緒に提案することで売上向上を目指すこと。

検索連動型広告（リスティング広告）

検索エンジンで検索を行った際に、ユーザーが入力したキーワードと関連する広告が検索結果ページに表示される広告サービス。リスティング広告とも呼ばれる。ヤフーが運営する「スポンサードサーチ」、グーグルが運営する「Google AdWords」の2つが国内で大きなシェアを占めている。

サイコグラフィック（Psychographics）

生活者の心理にもとづく属性。価値観やライフスタイル、嗜好などの人間心理にかかわる顧客情報を指す。

消費者インサイト

消費者、顧客の行動や態度の奥底にある本音を見抜くこと。

成果報酬型広告

資料請求や商品購入などの広告主にとっての最終成果が発生した際に、料金が発生する広告。

セグメント

生活者を、年齢、職業、居住地など、抽出したい特定の条件によってグループ分けすること。

センチメント

特定のブランドや企業に対して、市場全体が抱いている印象や心理状態。肯定的・中立・否定的のうち、いずれに傾いているかを測る目安。

オフライン・ツー・オンライン（Offline to Online）
オンライン・ツー・オフラインとは逆の意味となり、データ化できていない多くの来店客をデータ化することなどを指す。

オムニチャネル（Omni channel）
オンライン、オフライン問わずオムニ（すべての）チャネルを顧客との接触・販売機会につなげること。

オンライン・ツー・オフライン（Online to Offline）
オンラインを介し店舗などのオフラインへ消費者を呼び込む施策。一般的な例としてオンラインでクーポンを提供し店舗誘導を図ることなどが挙げられる。

か〜そ

カスタマージャーニー
ユーザーの行動文脈を旅（ジャーニー）に見立てたプロセスのこと。

クッキー（Cookie）
ユーザーのPCに保存される、ユーザー識別のために使われるデータ。サイトへの訪問回数や滞在時間、最終訪問日時などのアクセス履歴を記録することができる。

クラスター
ユーザーの属性や行動をもとに、特定のグループに分類したもの。

クロスセル
ある商品を買いたいと思っている顧客や、既に自社の商品を利用して

インプレッション（Impression）

広告がユーザーに表示されること。表示された回数は「インプレッション数」と呼ばれる。

運用型広告

アドテクノロジーを活用して、広告の最適化を自動的、もしくは即時的に支援するような広告手法のこと。検索連動型広告、アドエクスチェンジ、SSP、DSP、また一部のアドネットワークなどを指す。

オウンドメディア（Owned Media）

自社サイト、企業ブログなど、自社で所有・管理しているメディア。

オーディエンスターゲティング

ユーザーの行動履歴データを複合的に分析し、それをもとにユーザーをセグメントし、ターゲティング広告を配信すること。

オプトアウト（Opt-out）

オプトインの状態にあるユーザーが、企業に依頼しメールなどの受信を拒否すること。一旦オプトインしたユーザーでも、企業はいつでもオプトアウトできるよう、メルマガの末尾などに退会手続きへのリンクなどを掲載することが特定電子メール法により義務付けられている。

オプトイン（Opt-in）

事前にユーザーが能動的なアクションを起こし、ダイレクトメールやメルマガなどを受け取ることを許諾した状態。例えば、ECサイトに新規登録するときに「このショップからのメールを受け取る」のチェックボックスにユーザー自らがチェックを入れた場合、オプトインと見なされる。

あ〜お

アップセル
ある商品を買いたいと思っている顧客や、既に自社の商品を利用している顧客に対し、価格や利益率がワンランク上の製品を提案することで売上向上を目指すこと。

アドエクスチェンジ
複数のメディアやアドネットワークから、入札方式で広告在庫を購入できる仕組み。アドネットワーク、もしくはDSP経由で購入する。

アドサーバー
ネット広告の配信・管理を行うためのサーバー。

アドネットワーク
ネット広告メディアのサイトを多数集めた広告配信ネットワークのこと。

アトリビューション分析
メディアごとのコンバージョンへの貢献度を調査・分析すること。例えば、ある広告がクリックされて自社の商品が買われた場合、その顧客がそれまでに他のどんなメディアを見ていて、購入にどの程度影響を及ぼしたかを調べる。

アーンドメディア（Earned Media）
ソーシャルメディアなどの外部メディア。商品を売り込むことが目的ではなく、そこにいるユーザーからの信頼や知名度を得ることが目的とされる。

善点を明らかにし品質や成果を向上させていく。

PV（Page View／ページビュー）
サイト、またはその中の特定のページが何回見られたかという数字。サイトの規模を測る一般的な指標として広く使われている。

ROI（Return On Investment／投資対効果）
投資によってどれだけの利益が生み出されているかを測る指標。利益／投資額×100で算出され、数値が大きいほど、投資対効果も高いことになる。

RTB（Real Time Bidding／リアルタイムビッディング）
メディアに広告在庫が1インプレッション発生したタイミングでオークションを開催し、一番高い値段でそのインプレッションを買う広告主の広告を配信する仕組み。

SEM（Search Engine Marketing）
検索エンジンから自社サイトへの訪問者を増やすマーケティング手法。SEOや検索連動型広告などの手法がある。

SSP（Supply-Side Platform／サプライサイドプラットフォーム）
サプライサイド（メディア）がRTBオークションを開催するためのプラットフォーム。対はDSP。

UU（Unique User／ユニークユーザー）
サイトを訪れたユーザーの「人数」。同じ10,000PVでも、100人のユーザーが100回ずつ特定のページを見た場合は100UU、10,000人のユーザーが1回ずつサイトを見た場合は10,000UUとして数えられる。

のマーケティング活動・事業全般に関して重要な役割を担う。

DSP（Demand-Side Platform／デマンドサイドプラットフォーム）
デマンドサイド（広告主や広告代理店）がRTBオークションで広告を買う際に使うプラットフォーム。配信対象者や掲載面、配信時間など、広告を買う側の都合の良い条件をもとに入札できる。対はSSP。

GRP（Gross Rating Point／グロスレイティングポイント）
出稿量と視聴率にもとづいたテレビ広告の定量指標。延べ視聴率ともいう。スポットCMの契約などの際に用いられる。

IMC（Integrated Marketing Communications）
統合型マーケティングコミュニケーション。企業が発信する広告、PR、セールスプロモーション、ダイレクトマーケティング、製品パッケージといったあらゆるマーケティングコミュニケーション活動を生活者の視点で再構築し、戦略的に統合するもの。

KGI（Key Goal Indicator）
企業が定めた最終的な目標を達成できているかどうかを判定するために、最も重視すべき指標。KPIとセットで使われることが多い。

KPI（Key Performance Indicator）
最終的な目標を達成するために、施策が有効であるかどうかを測る中間的指標。

PDCA
Plan（計画）→Do（実行）→Check（評価）→Act（改善）の4段階を経て、再び最初のPlanに立ち返りサイクルを回していくことで、改

ザーのクリックごとに広告費が発生するクリック課金型のネット広告において、クリック1回あたりにかかるコスト。

CPM（Cost Per Mille）
ネット広告の配信（表示）における、1,000回あたりにかかるコスト。

CRM（Customer Relationship Management）
顧客満足度を向上させるために、顧客のデータを管理し、顧客に応じたサービスやセールスプロモーションを行うことで、企業と顧客の間に良好な関係を構築するマーケティング手法。

CTR（Click Through Rate）
クリック率。広告がユーザーに表示された回数（インプレッション数）のうち、クリックにつながった割合。

CV（Conversion）
コンバージョン。ユーザーによって、購入・会員登録・資料請求など、サイトごとに目標とされる成果が達成されること。

CVR（Conversion Rate）
コンバージョン率。広告がユーザーにクリックされた回数のうち、それがサイトの目標とされる購入や会員登録などの成果（コンバージョン）に結びついた割合。

DMP（Data Management Platform／データマネジメントプラットフォーム）
広告配信データやサイト訪問者データ、POSデータ、顧客IDなどさまざまなデータを管理するプラットフォーム。広告配信に限らず、企業

用語集

A〜Z

Above the line （アバブ・ザ・ライン）

マスメディア4媒体（テレビ・新聞・ラジオ・雑誌）を使った広告、プロモーション活動の総称。直訳するとラインの上となる。

AIDMA（アイドマ）

生活者の購買までの心理プロセスをあらわした言葉。Attention（注意）→Interest（関心）→Desire（欲求）→Memory（記憶）→Action（行動）の順で、意思決定が行われていると考え、それぞれの単語の頭文字をつなげている。

AISAS（アイサス）

電通が提唱する、ウェブを日常的に利用する生活者の購買に関する心理プロセスをあらわした言葉。Attention（注意）→Interest（関心）→Search（検索）→Action（行動）→Share（共有）の順に意思決定が行われていると考え、それぞれの単語の頭文字をつなげている。

Below the line（ビロウ・ザ・ライン）

イベント、ダイレクトメール、店頭POPなどを介した広告、プロモーション活動の総称。直訳するとラインの下となる。

CPA（Cost Per Action／Cost Per Acquisition）

顧客獲得単価。成果報酬型やクリック課金型の広告で、顧客1人を獲得するためにかかるコスト。

CPC（Cost Per Click）

クリック単価。検索連動型広告や一部のディスプレイ広告など、ユー

5 AdverTimes「AKQA、カンヌと共同の学生クリエイティブコンペ『Future Lions』の募集を開始」2013年4月8日 http://www.advertimes.com/20130408/article107011/

6 パンタグラフ社ニュースリリース「弊社インターン生がFuture Lions 日本人初受賞！」2013年6月28日 http://pantograph.co.jp/news/2013/06/28/future_lions/

第7章

1 MarkeZine「PubMatic社、ソネット・メディア・ネットワークスと業務提携」2014年1月21日 http://markezine.jp/article/detail/19176
「米ルビコン・プロジェクト、日本市場へ本格参入」2014年2月21日 http://markezine.jp/article/detail/19334

2 日本経済新聞「ヤフーとアスクル、12社とビッグデータ共有し新商品 ライバル企業が連携」2014年1月26日 http://www.nikkei.com/article/DGXNASGF2407G_V20C14A1MM8000/

3 オラクルプレスリリース「Oracle Buys BlueKai」2014年2月24日 http://www.oracle.com/us/corporate/press/2150812

4 MarkeZine「次世代広告コミュニケーションの秘訣 目ざわりな広告を、有益なコンテンツへ。その期待が寄せられる『ネイティブ広告』とは何か？」2013年7月1日 http://markezine.jp/article/detail/18028

5 MarkeZine「トラフィック過多なメディアにネイティブな収益化を提供、コンテンツレコメンデーション最大手Outbrainのビジネスモデル」2014年1月7日 http://markezine.jp/article/detail/19029

global-news/chinese-pr-group-bluefocus-buys-london-based-social/245733/

8 Bloomberg「WPP, Dentsu Circle for Business From Publicis-Omnicom Merger」2013年11月22日 http://www.bloomberg.com/news/2013-11-21/wpp-dentsu-circle-for-new-business-from-publicis-omnicom-merger.html

9 Advertising Age「Ad Age's 2013 Agency A-List」2013年1月28日 http://adage.com/article/special-report-agency-alist-2013/ad-age-s-2013-agency-a-list/239302/

第6章

1 The New York Times「Advertising Companies Fret Over a Digital Talent Gap」2011年10月30日 http://www.nytimes.com/2011/10/31/business/media/ad-companies-face-a-widening-talent-gap.html?pagewanted=all&_r=0

2 MarkeZine「次世代広告コミュニケーションのキーワード『ブランデッド・コンテンツ』って、いったい何だ？」 2013年5月22日 http://markezine.jp/article/detail/17748

3 Online Marketing Institute（OMI）「The State of Digital Marketing Talent」 http://learnit.onlinemarketinginstitute.org/TalentGapReport.html

4 CNET Japan「『オレオ』クッキーのツイート、スーパーボウル停電で話題に──マーケティング代理店が語る舞台裏」2013年2月6日 http://japan.cnet.com/news/offtopic/35027826/

article/DGXNASDD30014_Q3A131C1MM0000/

第5章

1 博報堂ＤＹホールディングス 第9期有価証券報告書内69ページ https://www.hakuhododv-holdings.co.jp/ir/library/asr/pdf/HDYir120711.pdf 第10期四半期報告書内15ページ https://www.hakuhodody-holdings.co.jp/ir/library/asr/pdf/HDYir120816.pdf

2 電通アニュアルレポート2013 http://www.dentsu.co.jp/ir/data/annual/2013/index.html

3 電通アニュアルレポート2002 http://www.dentsu.co.jp/ir/data/pdf/AR2002_J8-1.pdf

4 電通ニュースリリース 「ポーランドのソーシャルメディア・エージェンシー 『ソーシャライザー社』の株式 100%を取得予定 」2014年1月20日 http://www.dentsu.co.jp/news/release/2014/pdf/2014006-0120.pdf

5 電通ニュースリリース「ジェリー・ブルマンが当社執行役員に就任」2013年6月27日 http://www.dentsu.co.jp/news/release/2013/pdf/2013079-0627.pdf#page=1

6 Business Wire「チェイル・ワールドワイドが世界トップクラスの実動力を持つ米国の独立系広告代理店マッキニーを買収」2012年8月 http://www.businesswire.com/news/home/20120802005517/ja/#.UyWQo-d_uw4

7 Advertising Age「Chinese PR Group BlueFocus Buys London-Based We Are Social」2013年12月17日 http://adage.com/article/

side-edge/

17 アクシオムジャパンフェイスブックページ https://www.facebook.com/acxiomjapan

18 Advertising Age「Deloitte Digital Acquires Digital Agency Banyan Branch」2013年10月20日 http://adage.com/abstract?article_id=244848

19 Advertising Age 「Adage Data Center」の2012年集計データ http://adage.com/datacenter/

20 宣伝会議「アクセンチュアがデザイン会社買収、デジタルマーケティングに進出」2013年8月 http://mag.sendenkaigi.com/senden/201308/ad-news-future/000108.php

21 AdExchanger「Staples Builds Out Data-Driven Outfit With Runa Acquisition」2013年10月3日 http://www.adexchanger.com/ecommerce-2/staples-builds-out-data-driven-outfit-with-runa-acquisition/

22 Advertising Age「Nissan Becomes Latest Carmaker to Set Up a Bespoke Agency」2013年10月3日 http://adage.com/article/agency-news/nissan-latest-carmaker-set-a-bespoke-agency/244525/

23 Adweek「Nissan United will be led by TBWA's Jon Castle By Andrew McMains」2013年10月3日 http://www.adweek.com/news/advertising-branding/omnicom-hatches-dedicated-unit-nissan-152859

24 日本経済新聞「武田薬品社長『ウェバー氏、1年後にCEO』英GSKの幹部を社長に起用」2013年11月30日 http://www.nikkei.com/

ディアニュース「Yahoo!、オンライン広告オークションのRight Mediaを買収」2007年5月1日 http://www.itmedia.co.jp/news/articles/0705/01/news015.html

9 電通ニュースリリース「英国イージス社買収後の電通グループの組織体制について」2013年6月6日 http://www.dentsu.co.jp/news/topics/2013/0606-001822.html

10 電通ニュースリリース「仏ピュブリシス社株式の取得について」2002年9月25日 http://v4.eir-parts.net/v4Contents/View.aspx?cat=tdnet&sid=57142#page=1

11 Advertising Age「Tim Andree Takes Dentsu to New Heights」2012年4月2日 http://adage.com/article/news/tim-andree-takes-dentsu-heights-powering-push-west/233859/

12 電通ニュースリリース http://www.dentsu.co.jp/news/release/

13 電通サイト グローバルネットワークページ http://www.dentsu.co.jp/global/

14 WPP「Digital Investor Day」2013年6月4日 http://www.wpp.com/~/media/investor/1-introduction.pdf theguardian「WPP sets target for 45% of revenues to come from digital sources」2013年8月13日 http://www.theguardian.com/media/2013/aug/13/wpp-revenues-digital-martin-sorrell

15 WPPニュースリリース http://wpp.com/wpp/press/2013/jun/06/twitter-and-wpp-announce-global-strategic-partnership/

16 AdExchanger「WPP Group's Xaxis Imbibes 24/7 Media, Gaining A Sell-Side Edge」2013年12月3日 http://www.adexchanger.com/agencies/wpp-groups-xaxis-imbibes-247-media-gaining-a-sell-

第4章

1 ウィキペディア「第38回スーパーボウル」http://ja.wikipedia.org/wiki/%E7%AC%AC38%E5%9B%9E%E3%82%B9%E3%83%BC%E3%83%91%E3%83%BC%E3%83%9C%E3%82%A6%E3%83%AB

2 ロイター「仏ピュブリシスと米オムニコムが合併、世界最大の広告会社誕生」2013年7月29日 http://jp.reuters.com/article/topNews/idJPTYE96R01920130728

3 ウィキペディア「Maurice Lévy」 http://en.wikipedia.org/wiki/Maurice_L%C3%A9vy_(Publicis)

4 Encyclopedia of World Biography「President and Chief Executive Officer of Omnicom John Wren」http:/www.notablebiographies.com/newsmakers2/2007-Pu-Z/Wren-John.html

5 Advertising Age「Why Omnicom Opts Out of Digital Spotlight」2011年9月19日 http://adage.com/article/agency-news/2-ad-company-omnicom-opts-digital-spotlight/229844/

6 Bloomberg「WPP, Dentsu Circle for Business From Publicis-Omnicom Merger」2013年11月22日 http://www.bloomberg.com/news/2013-11-21/wpp-dentsu-circle-for-new-business-from-publicis-omnicom-merger.html

7 ITpro「広告大手のWPP，デジタル・マーケティング技術の24/7 Real Media買収で合意」2007年5月18日 http://itpro.nikkeibp.co.jp/article/NEWS/20070518/271457/

8 MarkeZine「Googleがダブルクリックを買収した4つの理由」2007年6月28日 http://markezine.jp/article/detail/1384　ITメ

注記

各章共通

・ドル円の換算はすべて1ドル100円で計算。

第1章

1 ニールセン「Nielsen Digital Consumer Database 2013」（2013年11月12日） http://www.netratings.co.jp/news_release/2013/11/Newsrelease20131112.html Google「The Multiscreen World」 http://multiscreen.withgoogle.com/jp

2 ジャストシステム「VOD（ビデオオンデマンド）サービスに関する調査」（2013年10月30日） https://www.fast-ask.com/report/

第3章

1 Advertising Age「Unilever Plans To Cut 800 Marketers As It Slashes Agency Fees, Products」2013年12月5日 http://adage.com/article/news/unilever-eliminate-800-marketers-globally-cut-launches/245542/

2 The New York Times「WPP Chief Tempers Buoyant 2014 Ad Forecasts」2013年12月9日 http://www.nytimes.com/2013/12/10/business/media/wpp-chief-tempers-buoyant-2014-ad-forecasts.html

3 ユニリーバ「Taking Marketing to the Next Level」2013年12月 http://www.unilever.com/images/ir_Taking-marketing-to-the-next-level_Keith-Weed_tcm13-378844.pdf 「The Next Level of Financial Performance」2013年12月 http://unilever.com/images/ir_The-Next-Level-of-Financial-Performance-Jean-MarcHuet_tcm13-378843.pdf

横山隆治（よこやまりゅうじ）

株式会社デジタルインテリジェンス 代表取締役

1982年青山学院大学文学部英米文学科卒。同年株式会社旭通信社入社。1996年インターネット広告のメディアレップ、デジタルアドバタイジングコンソーシアム株式会社を起案設立。同社代表取締役副社長に就任。2001年同社を上場。インターネットの黎明期からネット広告の普及、理論化、体系化に取り組む。2008年株式会社ADKインタラクティブを設立。同社代表取締役社長に就任。2010年9月デジタルコンサルティングパートナーズを主宰。企業のマーケティングメディアをPOEに再整理するトリプルメディアの考え方を日本に紹介。2011年7月株式会社デジタルインテリジェンス代表取締役に就任。2012年4月より株式会社ワン・トゥー・テン・ホールディングス社外取締役も兼任。

榮枝洋文（さかえだひろふみ）

株式会社デジタルインテリジェンス 取締役／

ニューヨークオフィス代表

海外現地法人のマネジメント歴18年（中国・広州／香港、北米・ロサンゼルス／ニューヨーク）。アサツーディ・ケイ現地法人ADK America/WPP GroupのCFO兼副社長を経て現職。日本広告業協会（JAAA）会報誌コラムニスト。広告・マーケティングのグローバル戦略分野での北米グローバル・エージェンシーや独立系デジタル・エージェンシーとのシンジケート連携から、ビジネス・コンサルティングを行う。日本のアドテクノロジー企業の米国進出における支援ビジネスを展開中。ニューヨーク現地邦人コミュニティーへの貢献活動として、起業家勉強会「一旗会」幹事、NPO法人JaNet理事長等を務める。米国コロンビア大学経営大学院（MBA）修了。

翔泳社ecoProjectのご案内

株式会社 翔泳社では地球にやさしい本づくりを目指します。制作工程において以下の基準を定め、このうち4項目以上を満たしたものをエコロジー製品と位置づけ、シンボルマークをつけています。

資材	基準	期待される効果	本書採用
装丁用紙	無塩素漂白パルプ使用紙 あるいは 再生循環資源を利用した紙	有毒な有機塩素化合物発生の軽減（無塩素漂白パルプ） 資源の再生循環促進（再生循環資源紙）	○
本文用紙	材料の一部に無塩素漂白パルプ あるいは 古紙を利用	有毒な有機塩素化合物発生の軽減（無塩素漂白パルプ） ごみ減量・資源の有効活用（再生紙）	
製版	CTP（フィルムを介さずデータから直接プレートを作製する方法）	枯渇資源（原油）の保護、産業廃棄物排出量の減少	○
印刷インキ*	植物油を含んだインキ	枯渇資源（原油）の保護、生産可能な農業資源の有効利用	○
製本メルト	難細裂化ホットメルト	細裂化しないために再生紙生産時に不純物としての回収が容易	○
装丁加工	植物性樹脂フィルムを使用した加工 あるいは フィルム無使用加工	枯渇資源（原油）の保護、生産可能な農業資源の有効利用	

*：パール、メタリック、蛍光インキを除く

本書内容に関するお問い合わせについて

本書に関するご質問、正誤表については、下記のWebサイトをご参照ください。

正誤表　http://www.shoeisha.co.jp/book/errata/

刊行物Q&A　http://www.shoeisha.co.jp/book/qa/

インターネットをご利用でない場合は、FAXまたは郵便で、下記にお問い合わせください。

〒160-0006　東京都新宿区舟町５

（株）翔泳社 愛読者サービスセンター

FAX番号：03-5362-3818

電話でのご質問は、お受けしておりません。

装丁・本文デザイン　萩原弦一郎・橋本雪（デジカル）
DTP　株式会社アズワン
取材記事作成　高島知子
取材撮影　川口紘
編集担当　押久保剛（MarkeZine編集部）

広告ビジネス次の10年

2014年 5月14日　初版第1刷発行
2016年 4月20日　初版第5刷発行

著　者　横山隆治、榮枝洋文
発行人　佐々木幹夫
発行所　株式会社翔泳社
(http://www.shoeisha.co.jp/)
印刷・製本　凸版印刷株式会社

ISBN978-4-7981-3659-2　Printed in Japan